理解
·
现实
·
困惑

陪伴心理学

黄士钧（哈克）　著

中国纺织出版社有限公司

内 容 提 要

你会陪伴吗？你懂陪伴吗？如果陪伴是一份礼物，你想要怎么给予？资深心理咨询师哈克把多年咨询工作与人生的体会都记录在书里，这些文字搭建了一个松松柔柔的世界。在那里，陪伴者不必强迫自己扮演权威的治疗者或解决问题的人，帮助所有人找到自己喜欢的陪伴模样，不过度扭曲自己，不过分压榨自己，不过头磨损自己。本书没有太多的技法与系统理论，让陪伴的智慧像床边故事一样温暖动人，让每个人都用得上。

版权所有 © 黄士钧（哈克）

本书版权经由究竟出版社有限公司授权中国纺织出版社有限公司简体中文版

委任英商安德鲁纳伯格联合国际有限公司代理授权

非经书面同意，不得以任何形式任意重制、转载。

著作权合同登记号：图字：01-2024-4666

图书在版编目（CIP）数据

陪伴心理学 / 黄士钧著. -- 北京：中国纺织出版

社有限公司，2025.5. -- ISBN 978-7-5229-1850-1

Ⅰ. B84

中国国家版本馆 CIP 数据核字第 2024Y2Q070 号

责任编辑：王 羽 郭紫瞳 责任校对：高 涵 责任印制：王艳丽

中国纺织出版社有限公司出版发行

地址：北京市朝阳区百子湾东里 A407 号楼 邮政编码：100124

销售电话：010—67004422 传真：010—87155801

http://www.c-textilep.com

中国纺织出版社天猫旗舰店

官方微博 http://weibo.com/2119887771

北京华联印刷有限公司印刷 各地新华书店经销

2025 年 5 月第 1 版第 1 次印刷

开本：889×1194 1/32 印张：8

字数：140 千字 定价：58.00 元

凡购本书，如有缺页、倒页、脱页，由本社图书营销中心调换

推荐序

共享同一股力量

文：黄锦敦

叙事治疗取向训练讲师与督导、作家

哈克将陪伴的能量以诗意的文字、好听的故事，如神灯精灵般锁存于书中。当你拿起这本书，摩擦三下，我想唤醒的不只是这本书的陪伴能量，也将唤醒你自身本就拥有的温柔的金黄光亮。

几年前，有一段时间身心特别容易感到艰难。为了这缘故，那几年我在海边长租了一个房间，在几个难以入眠的夜晚，都是那一阵一阵的海浪陪我安定下来，找回呼吸。

读哈克这本书，常想起那一阵阵的海浪。

在艰难的时候，你身边是否有人如一阵一阵的浪，不曾退去地陪你到天明？或者，你在别人艰难的时候，也想用这种姿态安稳地陪在一旁？对我来说，这本书没有太多的技法与系统理论，但满满的都在说着关于那一阵阵海浪的种种。我读了很有感触，就来说说我的这些感触。

容器

想着心理治疗，我心里会浮现一个画面：当事人走进咨询室，把心里的那些千言万语却又说不清的种种慢慢倒出来，让两个人可以一起看着这倒出来的心事，慢慢沉淀，逐步梳理，等到好像看见些什么的时候，当事人才能伸手到这些心事里，把自己想要的取回来。这个过程，"如何让人把心事倒出来"或"倒出来后如何梳理、沉淀、转化"正是许多心理治疗辅导极其关注的地方，但却少有心理治疗的书籍，好好地谈关于"可以装载倒出来的心事的这个空间"的种种细节。见着哈克在书中好好谈这部分，用情感谈，用好听的故事谈，我对他不禁升起了一种谢意。谢谢他愿意用文字把这些留下来。

喜欢自己

这阵子我最常读这本书的地方，是家里院子大叶榄仁树下的一座木制平台。我常阅读到一半时，就跑到一旁的菜园里，蹲下来看起韭菜花、小黄瓜。哈克书中说起了兰屿芋头，我就想起自己也有美丽的白色韭菜花朵。我想这是哈克的神奇魔力，无论是我们相识多年的互动经验，或是阅读此书的许多片刻，听着哈克说着美好的当下时，不只是看见他口中的美好，也常自然回头，开始看见自己的美好。

在心理治疗里，让人把眼神看向问题或看向自己，是两种方向、两种目标。在书中，哈克总是带着我们把观看问题的眼神更延伸一点，让人在这过程中看向自己，这是我在本书一再感受到且十分喜爱的。我想，"让人真心可以喜欢自己"是哈克的心肠里让我最动容的地方。

视角

47岁那一年，哈克跑去学吉他，开始写自己的歌，我则跑去学冲浪。我们都想多认识另一个让身心更快乐的世界。

写歌与冲浪，多么不同，但这两者如果也都拿来看人与困境之间的关系，却可以看出另一番滋味。

生命有艰难，如果能把这其中的种种谱成歌，开始唱，那艰难好像就会被我们唱出另一种质地。歌让我们记得：在艰难之中，人还是有旋律的。

生命有艰难，像是一道又一道的浪，带着力度朝我们而来，学习冲浪其实是学习与浪合作，让我们能在这迎面而来的力量中，滑出一道属于自己的轨迹。

歌唱与冲浪，说着人们面对困境时两种可能的视角，这两者都解构了对问题的单一看法，也都让我感受到一种生命之美，这是在20岁刚学习心理治疗的我未能想象的视角。

在这本书里，哈克带着读者用不同的角度、不同的距离、不同的方向、不同的温度，一次次重新回看所谓的问题、所谓的困难，有的如歌唱，有的如冲浪，有的如摄影，有的如种植……我想，这本书可以为许多想更多理解心理治疗的人带来许多惊喜。

某种程度来说，我和哈克是不同治疗取向的陪伴者。哈克是潜意识工作者，我则专注在叙事治疗。但读这本书时，我常一边读一边点头，包括"接触情感""陪他找到属于他的疗愈方式""带着祝福的命名""土要自己翻过""将眼前的人当成一部文学作品"……甚至点头的次数会多到有种"我们根本是同一个学派"的错觉。不过仔细想想，这也不算错觉，我们的用语、技术手法或许有些地方不同，但看着家里院子墙角的蔷薇和大门右手边的黄钟花时，我会知道虽然它们的美丽看起来不同，但养分却来自同一块土地，同一片阳光。不同治疗取向的"名称"不该成为藩篱，让我们无法彼此相认并享用同一股力量。我想，不管你的学派或治疗取向是什么，只要你想工作的对象是人，而非只有问题（解决），那么这本书，很值得你拿在手中。

东北季风来了，所有的树振动着叶子唱起了歌，沙沙沙沙地环绕身边，感受着斜照脸上的金黄光线，秋天的温柔就这样绕进了心头。

序文先书写至此，还有几篇文章，我想好好再读一回。

目录

1

第一部分
陪伴者的美丽与哀愁

2 第二部分
带着祝福的命名

3 第三部分
潜意识工作真是太好玩了

4

第四部分
陪伴心法和内在涌泉

1

第一部分

陪伴者的美丽与哀愁

了解一个人，
像是进到一个田间的小屋子，
从天光，从灌溉沟渠，
到屋瓦的颜色，到门框的斑驳，
都是我们理解的入口。
什么样的时辰，什么样的温柔，
我们有机会得其门而入，
为爱留步，碰触那柔软的所在

喜欢狗的，请举手
——为什么咨询心理学很值得学？

学习，常常是为了知晓，知道如何面对那些本来没有出路的生命难题与挣扎。那么，选择什么来学习，让自己的眼睛更明亮，让自己的心胸更宽广，似乎就变得挺关键。

当我说"学习咨询心理学"的时候，我并不是说要去读相关的学校或者研究所。咨询心理学这门学问，可能存在于一场真心动人的演讲，可能发生在周末的一个可爱、好玩的亲子工作坊，也可能是在某一个午后的书店遇见了一本让你驻足的安静的书。

还记得我27岁那年，在美国马里兰大学上了一堂印象深刻的课，叫"团体咨询理论与实务"，那是硕士研究生二年级上学期一门要求很严格的课。我还记得硕士研究生一年级时，就听过学长学姐带着敬意和一丝丝紧张地说起这堂课的女教授，说她是北美咨询心理学界重量级的教授。

还记得是9月开学的第一周，我带着忐忑的心，还有其实还很"菜"的英文，两颗眼睛左左右右看来看去，踏入那间能容纳200人的大教室。课程是早上10点开始，9点45分，我早早就已经把自己安放在第七排的边边——一个看似比较安全、不会被教授叫起来问问题的角落位置。上课铃响，硬底鞋跟声从挑高的长廊传来，咚咚咚咚地预告着来到的声音，一位剪了利落短发的女教授，带着高瘦的身子走进教室。

在回音很清楚的大教室里，她一开口，就忽然没有脉络、没有前后文地，这样问了现场的同学们：

"喜欢狗的，请举手？"（她说的是英文，请容许我暂时充作很粗浅的现场同传口译。）

哇——有一百二十几个同学举手，其中包括全班唯一的亚洲人（就是我），我们都好奇又开心地举手，虽然都不知道老师为什么这样问，但是都开心得好像摸到了狗狗似的举起了手，而且带着一抹单纯可爱的微笑。

"喜欢猫的，请举手？"（她说了第二句我竟然听得懂的英文，我都快要哭了……）

呵呵，有五十几位同学非常坚定又快速地、像是要强烈表明个人的清晰偏好似的举起了手。哇——都是很明显的爱猫人士。从窗口洒落的阳光照在他们或她们的脸上，不知道为什么，我好像看见举手的同学们，脸上、手上似乎散发出某一种相似的气质。

短发女教授停顿了 3 秒，笑笑地接着问：

"又喜欢狗又喜欢猫的，请举手？"

嗯，一群同学歪着头想了一下，上演内心戏的内在对话一番，然后好像在安顿了自己的深呼吸、吐气之后，三十几位同学心里有了喜爱交集的确定感，举起了手。

教授望向全场，带着君临天下的气势，同时又带着和煦的爱，温柔又坚定地说：

"这样，你们就已经明了了，我们今天第一堂课要讲的主题，是各种各样的爱恋。"

怎么会这样，怎么可以用这么浅显易懂的狗和猫的例子，让200个心理咨询研究刚入门的学习者，就这样精彩又立体地多懂了一点生命的挣扎和丰盛，这，真的是咨询心理学挺美妙的奥秘呢!

咨询心理学慢慢划进了生命

于是，岁月继续走……

我在28岁那年，经历紧张又扎实的3年生涯咨询课程之后，懂得了，原来生涯规划不只是找到一个适合自己的工作，更重要的，是在"活下去"的前提下，让自己的渴望与热情"活起来"。

30岁那年，威斯康星州一位慈爱的老奶奶夏琳·艾克曼（Charlene Ackerman）应邀来做催眠训练，那时存款不够付训练课程学费的我，硬着头皮、自告奋勇去应征现场同传口译。于是，接下来的四五年，一场接着一场的翻译工作，我把老奶奶的英文在工作坊的现场翻译成中文，然后把现场来自牙医、精神科医师、社工、咨询师的中文提问，翻译成英文给老奶奶听。

可能因为要非常非常认真揣摩，才能翻译出、表达出老奶奶国际级催眠功力的内涵，不知不觉中，老奶奶的催眠语调、催眠语法里特别纯粹的、对人的疼惜和支持，都悄悄且完整地种在我的心田。

可能因为催眠的底子打好了，我的眼睛忽然看见了潜意识工作大大的天空。好多好多年之后，我在潜意识工作的训练课程里，都还会带着木头地板教室里的一群学员这样体验："想象右手的大拇指上面，好像轻轻地系着一条细细的线，线头一端是一个轻轻地往上飘的充满氦气的气球，轻轻的气球往上飘，对——带着你的右手轻轻地往上飘……"

后来，在刚拿到心理咨询辅导博士学位的 35 岁那一年，我到美国加州找我导师的导师吉利根博士（Dr. Stephen Gilligan），开始了我后来长长年岁的追随学习，很喜悦地把"是的，紧张是我；是的，可爱、精彩也是我；是的，这两个都是我，我比这两个还要多更多"这样的"并存"概念学到心底。当并存来到了生命中，慌乱、紧张、自我怀疑其实都还在，但是，同时却有了一帖安顿自己的、调理呼吸的良药，得以安放自己。

40 岁了，两个女儿陆续到来，活生生的小生命在怀里，不再是用教科书的概念可以照料的。在一个女儿哭闹不停的夜里，我想起吉利根博士传授给我的"把遗落的自己带回心里温暖的家"，深呼吸，放下疲惫想放弃的心，我跟自己说："来——深呼吸，来，抱着怀里的孩子，带着爱的呼吸爱着她，同时，也把小时候孤单且不知所措的自己，一起手牵手带回长大以后已经温暖的心里的家。"

46 岁那年，在好朋友锦敦家，作曲家谢老师现场的演唱感人至深。因为太感动了，于是咬紧牙给了自己一个重新学习的开始，用我天生很笨拙的手指，开始学吉他。还很厚脸皮地，拜托谢老师教我词曲创作。

六七年之后，带领解梦工作坊的开场，我总是打开我的创作歌本，唱一首那阵子刚写的新歌，说说歌词。于是啊，当歌声旋律滑落，一屋子的阳光能量来到，月光的温柔抚慰来到，天空的辽阔似乎也不远了，然后，当整个场子充满流动又柔软的时刻，参加工作坊的成员好像不知不觉间，逐渐靠近，慢慢找到"深爱自己的理由"。

这些在岁月里学习的咨询心理学，有些是知识概念，有些是生命体验，在时间的奔流里，不分先后但彼此相爱，揉进了一个又一个季节的新元素。我常常很开心，可以遇见这门学问，可以遇见这些自己。

强大和柔软——两个端点的拉扯

那天，在书里读到这么一段看似苦涩难懂其实很有力量的文字，余秋雨老师在《文化苦旅》里这样说：

"中华文化，它确实步履艰难，却来自历史意志和文化伦理之间的深刻冲突。历史意志要求强蛮、突进、超越，文化伦理则要求端庄、秩序、和谐。两者都有充分的理由却方向相反，互相牵制，谁也无法实现自己……"

我深呼吸，停留在这里，心里想着，哎呀，这两个端点，不也扎实地存在于我们的成长挣扎里吗？左边的端点，"更强大，更超越"，这是一个生存法则底下的急迫需求；而右边的端点，"平静、安详、和谐"，是心底不可缺少的气氛和很想呼吸的空气。

一个那么急迫，一个又如此不可缺，两者都有充分的理由却方向相反，于是互相牵制、彼此挣扎折磨。我猜想，在我们不少人的心里，这两个端点的拔河比赛在不同年纪上演着，特别是二十几到四十几岁之间，这个拔河比赛好像最激烈。怎么说呢？

20 岁的时候，未来感十足，征战四方、出类拔萃的力气足，于是，只要偏向强大和超越这一端，奋力地活，就不至于太慌；50 岁以后，生命的山峰看似逐渐到顶，平安着地的和谐景象，有机会在种菜、养鸡的日子里迎接到来。

就在这中间的年岁，二十几、三十几、四十几，时而想要更努力、更进步、更优秀，时而只想泡汤、散步、三五好友吃吃下午茶、买买铸铁锅、逛逛菜市场。中间这段，这两个端点之间的挣扎、拉扯，似乎是必然，同时，也是一个生命因为选择了自己偏向哪边的比例，而得以精彩独特的原因。

放下余秋雨老师的书之后好几天，我苦思不解该怎么面对这个似乎注定要卡住的两股力量。忽然，一个清晨，东北季风减弱了，阳光难得造访，心里冒出这个带着光亮的念头。

　　"这、这、这不就是我们为什么想要学习咨询心理学最精彩的理由了吗？你看，如果两个端点的挣扎是这样：左边的'生存急迫端点'是想要更进步、更投入、更努力、更强大、更超越；右边的'生命质量端点'是盼望平静、安静、宽广的内在和顺畅的能量。那么，学习咨询心理学，不就正好不用挣扎这两个端点的选择！因为，学习咨询心理学，正好就是'更投入、更努力'地去体会'安静的心和宽广的内在'。"

　　这么一来，不就不用在两个端点之间挣扎，不需要在"更进步、更优秀"和"只想泡泡汤、逛逛菜市场"之间折磨自己的意志力了。

　　为什么咨询心理学很值得学，请容许我用这一整本书，将10年来搜集的好多珍藏、压箱底的故事，慢慢说给你听。

情感性的接触

2022 年的第一天，手机里收到我的好朋友捎来信息，跟我说，带领我走入潜意识丰富世界的恩师王辅天（Charles Welsh），90 岁高龄了，正在勇敢又光亮地行走着生命季节的最后几公里路。

我深呼吸着，听着好朋友紫千描述她去探望恩师的画面，紫千说：

"我们当天在百货公司，吃完午餐，我推轮椅时，恩师看着周围卖的东西说：好多东西，怎么这么多。有需要这么多吗？"

我说，现代人太孤单，心里太多不开心，心不安不定，就会一直买东西，因为花钱买东西会快乐，但是他们不知道，这样是不会有帮助的。

恩师说："对，所以我们好重要，要帮助他们的心理。"

哎呀，心里空空的和心里饱满的，正好是两个端点。助人工作和陪伴工作，需要辽阔的陪伴，也需要饱满的碰触。恩师的话语，在靠近生命最后一公里的时刻，大声地在我心底回荡着，像是宽满圆润的铜锣声响：

"对，所以我们好重要，要帮助他们的心理。"

恩师这句短短的话，不知道为什么，饱满地碰触到了我的心，碰触到了我遥远的过去，碰触到了我的现在，好像也指引了未来，铿锵有力地当当当回荡着。

想起几年前，2018年1月2日，我邀请恩师来我的新家住一晚。我问恩师需要我开车去接他，还是他想要搭火车来？他笑笑地说："我喜欢搭火车。"

　　那天，恩师来了家里！月亮刚升起的时候，我和两个女儿一起弹奏乐器，唱歌给他听，在月色里，恩师竟然还帮小女儿阿毛看小学的联络簿，还在联络簿的家长签名栏签了名，很好看的"王辅天"三个字。

　　隔天早上，我们去看蓝色的大海。恩师倚着石雨伞休憩区的栏杆，看着一望无际的浅蓝浅绿又深蓝的大洋，他说："我可以在这里，待一整天。"

　　为什么恩师可以这样在海边待一整天？

　　我猜，这里，有个饱满的神秘配方。恩师的心里，活得很饱满，碰触自己、碰触天地很流畅，所以，可以看山、看海、不看瑕疵，感觉得到天空的色彩，吹得到海风，可以闭上眼睛饱满地感受阳光和月光的爱。

　　我想起几天前，好朋友看了我刚完成的一篇故事小文章，这样问我："哈克，怎么任何东西一到了你手上，就变得饱满、温煦？"

　　哈哈，当然不敢当，只是也真的有点好奇，于是我笑笑地回问："你觉得是为什么呢？"好朋友聪慧又懂我，无缝接轨地说："可能是因为，第一，你看待的眼神充满了能量与爱；第二，你珍惜每一个对象，不管他有无实质的生命，在你眼中它都是活的。"

我听了，开心地笑着说："哎呀，你完完全全答对了啦！"我开心的原因是，在这样的对话里，我发现，在上面这两个"因为"底下，其实藏有一个共通的小秘诀，叫作"情感性的接触"。

传递安心的关键配方

这些年来很多助人工作者这样问我："哈克啊，陪伴一个人，在能够真的深入帮忙之前的准备阶段，到底要准备多久才足够呢？"

嗯，问得真好！

我常常觉得，要准备到——你眼前的这个人，你忽然觉得这个人很可爱。不是你自己变很可爱哦！是当你觉得你陪伴的人怎么忽然变得可爱起来！不一定因为你有很强的心理治疗技术，不一定因为你懂了很多人生的智慧，而是，有一个刹那忽然觉得："眼前的这个人，怎么这么可爱！"甚至会期待，下一次又可以赶快见到他（她）。

那么，人怎样会变可爱呢？最简单的原因就是眼前的这个人心里不害怕。那么，要怎么样让人可以不害怕呢？我们要来练习，稳定地把陪伴者的好能量、好眼光，真心地传递给他（她）。

我想起泰戈尔的一句很美很美的短诗：

"当乌云被光吻着时，便成了天上的花朵。"

乌云，是黑黑的云，可能是风雨将至的前兆，可能是需要深呼吸才能承担的时间，乌云，是每一个需要被帮助、渴望被陪伴的生命，几乎一定拥有的存在。而光，是陪伴者的一份愿意，愿意停下原本习惯性的害怕和担忧，然后做了一个新的选择，问了自己一个让好能量可以跳出来的问句。

"今天给出什么样的爱啊，柔软的爱、有力量的爱，还是温泉般的暖意？"

"如果把心力集中在聆听，聆听什么，会让睡前的我想起来都会微笑？"

"今天，我可以关心什么样的脆弱呢？"

"这个时刻，想要给出一份柔软，来感觉并看看落在何处会挺好呢？"

"如果我的可爱、好玩可以来到此时此刻，那真有意思啊！"

因为这样的光存在了，于是，即使乌云密布，我们也有机会一起看见花朵；于是啊，我们可以在太阳下呼吸，在月光里想象；于是春雨绵绵像是情意绵绵，力量得以在太阳下生长，脆弱得以在月光里疗伤。

身旁几个做叙事治疗的好朋友，他们让人不害怕的原因和我不一样，像锦敦老师、祺堂老师啊，他们很会聆听，很有耐心地听故事！他们的陪伴是从故事的细节开始的，他们去听故事里面很深刻的脉络，于是，"脉络性的理解"是他们带给个案不害怕的关键配方。

同样是陪伴人，在另一个世界里，专心做潜意识工作的哈克，很少提及这个"脉络性的理解"的概念。为什么？可能是因为我的左脑没有很厉害，脉络细节一多，我就搞混了或乱掉了，比如我看电影时，常常需要按下暂停键，然后问女儿："这个人是谁？为什么会这样？"

在学习咨询辅导的路途上，我挺早就知晓，我聆听复杂故事线的能力不强，于是，我决定不要着墨在"脉络性的理解"的世界里。那么，身为潜意识工作者的我专心做什么？"情感性的接触"，是我二十几年来，很珍贵的选择。

如果一个小小的自我介绍就让人安心

怎么开口说话，可以有情感性的接触，可以让人家安心呢？下面，我用自我介绍来做一个小例子。

"大家好，我是哈克，今年53岁，1969年在一个小镇出生，我是一个乡下孩子，有些时候很害羞，可是我很努力，我一路上都把握每一个机会好好学习。我很爱打网球，很喜欢流汗的感觉，我喜欢唱歌、弹吉他，我有两个女儿，都上中学了。我

1998年从美国念完生涯咨询硕士回来，我特别喜欢解梦和引导式想象。"

短短的一段话语，我们真心地想办法，想着有没有机会，当自我介绍说完，对方就安心了一点点。情感性的接触，透过清楚、明确又外显的话语，让听者在心里自然又轻松地出现这样的声音：

"我也是耶！我也喜欢流汗，我喜欢做瑜伽！"

"对，我也觉得自己还是很像一个乡下孩子，容易紧张又害羞。"

"哈克的女儿读高中，呵呵，我的儿子也正好读高中呢。"

这些心里头的"我也是""我也喜欢""我也觉得"，看起来没有什么了不起，可是，却是后来深入帮忙时，很重要的基底——"带来安心感的情感性接触"。如果，现在让你写一段50个字的自我介绍，你会如何安排、放进哪些话语，说不定可以带来安心的情感性接触呢？

说不定，你可以试试看这个句型："我喜欢……"

就像在我心里，我想永远记得的，恩师几年前，笑笑地说："我喜欢搭火车。"

03

心理咨询能提供百分之几的改变

年轻的咨询师在秋天的风里这样问我:

"哈克,我想问你,最近陪着许多身心状况特别不好又动弹不得的学生,身处这样的情境,总有种无力感,不确定可以怎么帮助学生,而学校的其他单位却寄予厚望在我们身上,仿佛咨询辅导的介入就能救赎一切。"

蹲坐在小椅子上,双手戴着农作手套,我一边翻搅着单轮推车中的粗糠、有机土、草木灰,一边回应:

"一个需要陪伴帮助的人,除了心理咨询师、心理辅导老师,还有很多的其他资源可以帮忙他,推拿师傅是疗愈的资源,舞台剧导演也是资源,半夜在墙壁上涂鸦创作也是非常精彩的疗愈资源。你觉得,你能协助学生的部分,可以占这所有疗愈资源的百分之几?"

年轻的咨询师歪着头想了想,回答说:

"1% 到 10%。"

(年轻的咨询师后来说:自己也没有想到会这么低!)

哈哈,真好。我心里这么想:这么年轻,没有把自己对于改变的责任和能力过度膨胀。看到自己只能负责 1%~10%,这真是一个非常好的消息呀!

我呢,做这一行也二十几年了,我心里的答案是 10%~15%,剩余的 85%~90%,要靠其他人还有环境里的其他疗愈资源一起帮忙,我们很可能需要有一个"心念",将责任和贡献如其所是地还给咨询辅导以外的疗愈资源。

生活里，每个人都有疗愈他的方式，按摩是一种，钓鱼是一种，养动物、泡温泉、冲浪等都是。每一个环节，都只能做好自己如其所是的那百分之几。

我啊，停下混合有机土的双手，先把犀利、理性的思绪收起来，让温暖来到我的眼睛，让柔软来到我的心头。

看着眼前助人工作刚起步的年轻的孩子，我深呼吸一口气，专注又柔和地说：

"你没有能力去负责一个学生 50% 的改变，同时，你可以做的是：陪着正在受苦的学生，找到属于他的疗愈方式。在他的文化、在他的成长历程、在他的兴趣喜爱、在他的休闲娱乐里，陪伴他，找到属于他的疗愈路径。"

说到这里，年轻的咨询师眼眶红了，他深呼吸一口气，说："好像面临的环境没变，还是一样，可是，心里头的责任和无力少了一些，我不用缩小，也不用刻意夸大我的责任和能力，我猜想，我能做的是，陪着、听着也很好。帮他们疏通各个系统，让资源可以进驻……也可以陪着他们找找属于自己的疗愈方式……"

哎呀，在生命的这个季节，能够和年轻的一辈这样对话，我打从心底珍惜着。有这样真心的孩子愿意学，我们就会拥有更多光亮。

陪他找到属于他的疗愈路径

接着往下说"陪他找到属于他的疗愈路径",于是我们好奇,在长长的时间的河流里,有没有哪里存在着真的会帮助一个学生的疗愈路径,有什么样的方式可以寻找并标注出来,像是在手机地图上找到几条可以清楚标注出来的路径。

心理咨询的不同学派,其实都有各自的专心。二十几年的投入学习,我也只粗浅地懂了一部分的潜意识工作。我猜想,我这辈子也大概只能在这个领域继续耕耘。同时,我认为在潜意识工作里,"引导式想象"(Guided Imagery)是其中一个探寻疗愈路径的好帮手。我们来看下面一段很短很短、看似平凡无奇,但其实有点厉害的引导式想象手稿。

冬天的早晨,空气特别安静。拿个小木凳,蹲坐在菜园里。

抬头右边望去是云雾缭绕的都兰山,而不远处的海岸,国际冲浪赛的喧嚣,似乎与我无关……

于是啊,一个小时,用食指和大拇指,一采一采,收集整个篮子专心的莴苣。

如此看似生活、看似简单的描述,如果搭配上安静又辽阔的声音,念着念着这段文字,听者啊,不知不觉中,很有可能就会在心里跑出自己的内在对话,像是:

"哦!比赛的喧嚣——无关紧要!"

"那……什么，在我的生命里，其实无关紧要，我却依然紧抓不放呢？"

"专心的莴苣？这是什么东西呀？"

"（深呼吸——）哎呀，如果无关紧要地放下了，真正值得我专心采收的，会是什么呢？"

很有趣吧！潜意识工作里的轻巧小技法引导式想象就是这样，看似蜻蜓点水，看似无中生有，看似朦朦胧胧，看似东扯西扯。在流动又安静的声音里，我们的潜意识却会极其直接又能量饱满地，寻找着"让生命得以继续生长"的神秘配方，还有精彩的秘密成分。

于是，我们并没有增加负责的百分数。我们学会轻轻柔柔地提问，讲可爱的小故事，说说心情，也说说画面。不知不觉中（其实只是意识的不知不觉），潜意识即将发动属于自己的那股"生命本来就会寻找出路"的力量。

关于寻找出路，寻找疗愈的资源管道，我来讲一个很可爱的小故事。

在春雨绵绵的清晨打桩

清晨的海岸飘着小雨，送小女儿上学之后，我穿着雨鞋、戴着防风防雨的帽子，走到南瓜坡地旁，那是御豆收成之后，我正在一天一天慢慢开垦的芋头田。

今天的时间投入内容挺新鲜，叫作"打桩"。

朋友 1 年前送给我一株小小的芋头苗，不知道要种哪里，就在一个小角落随意种下。三百多个月亮和太阳之后，清凉的露水似乎偷偷地照顾了原本很陌生的彼此，芋头绿绿的、大大的叶子竟然已经快要到我的肩膀了！

在土地上，晴天、雨天适合做不同的事情。春雨绵绵，正好试试那些没有试过的事——帮芋头"打桩"。

"打桩"是一个很弯腰的活。蹲下身子，穿着长裤的右膝盖直接抵着土壤，然后伸长脖子像捉迷藏似的钻到芋头大大的绿叶底下，用戴着手套的右手和左手把芋头主干根部旁的侧芽小苗摇摇摇，连着小小的根一起摇摇摇出土面来！

这就叫作"打桩"。把那些会抢走主干芋头珍贵养分的侧边小苗摇下、剥下、拔起，像是"打去旁支"，因而"固好了主桩"。

很不熟练的五十几岁的我，在大大的芋头叶子遮盖而不见天日的土壤上，认真地辨别着哪里有旁支小苗，然后在湿润、松软的这个早晨，试图找到合适的角度和力道，把小苗从主干旁拉起、抽开，同时又保障后来的小苗还可以继续生长的细根。半个小时之后，裤子已经沾满泥土，芋头的主干越来越清晰了！接着，收集好旁支小苗们，移植到新的地方。

最后，推着单轮车，把一整个冬天收藏的落叶挥霍奢侈地全都给了那棵终于固好了的主桩。

很奇妙的是，做的是农事，竟然在扛着锄头往回走的路上，心头出现的是这句古文："博观而约取，厚积而薄发"。

我想起认识很久的一位很良善的学生昶娴，最近几年在小学代课。有一天的早上，她这样和我说：

"哈克，我这次去代课，遇到了好几个感动。一个小男孩，老师说他到目前为止都只会简短会话，讲话小小声的男孩，竟然会主动开始跟我聊他课后时间的安排，让我好惊喜！"

这样单纯善良的代课老师，这样善良愿意地爱孩子，是多么美好的"固好主桩"啊！我听着听着，很真心地这样说："你，正安静地在这个岛屿的一个角落，把自己变成一个礼物。"

我想起另一个很可爱的学生这样说："带着安静的心陪着一颗心就像是'打桩'，而自己的心混乱不定、耗损时，就像是'打地鼠'了！"

亲爱的朋友，打桩、打地鼠、打拍子，打击犯罪，哪一个真正吸引你呢？

亲爱的朋友，生命里，有没有一个、两个，或三个主干、主桩，正呼唤着你呢？亲爱的朋友，如果你正在陪伴一个孩子，你猜，在哪里蹲下身子，安静地呼吸，就是有机会陪着他一起在落雨的清晨"打桩"呢？

04

墙里开出一朵花，沿着花儿走进去

我有时候会觉得，人的心里有两道墙。

外面一道墙，外墙，是"不知道这样的我，能不能呈现给别人看？"里面一道墙，内墙，是"不知道……这是不是真正的我？"

两道心墙的外墙

有时候，为了保护身心安全，或者只是单纯盼望拥有一份安全感，外墙，需要又高又厚，隔开、架开了我们和别人的距离。外墙的内在的对话很可能是类似下面这样：

"如果你不懂我的脆弱（怕孤单、半夜醒来睡不着），那么，你就靠近不了我。"

"如果你看不见我的坚持（不怕冲突、捍卫信念），那么，你就无法真的感受到我的善良。"

"如果你不能拥抱我的羞怯（怕生、容易紧张、需要时间慢慢熟悉），你就看不见真挚又有点调皮的我……"

"如果你不能迎接我的直接（表达清晰、不包装、不拐弯抹角），你就碰触不到我澎湃又柔软的心。"

"如果你不认识有趣好玩的我（喜欢看动画电影、超级享受甜点的美味），那么，你就无法接近真正可爱的我。"

如果，陪伴一个人时，想要越过他高耸又厚实的外墙，我们有一个画面可以想象，这个画面有一个名字叫作："要先驻足"。

驻足，停留，在墙下安静又好奇地等待，再好奇，再等待，好像正在那高高的墙下呢喃着好奇："这里有一道墙耶！不知道里面有没有被遮盖的美丽？"

我想起 25 年前在大学教书时陪伴过一个孩子，这个孩子，老师们都很担心，他被贴上好多指责的标签，像是不上课、不参加社团、不合群……

那一年，我一有空就在下课的时候陪着这个孩子去学校旁边的小树林散步，他不太说话，刚好，我们是在散步，所以不用一直说话，大自然好像一直安静、忠诚地在那里陪着我们，伴随着树木的光影和风吹过的声音……

忘了是第几次和他散步了，我忽然想起欧文·亚隆（Irvin D. Yalom）书里曾经提过的一个方法，我想说既然那么多次散步都没有真的能够懂得这个孩子，那就来试试看北美心理学大师的小绝招吧！

"同学，老师有点好奇，你过去 24 小时是怎么过的？"

"没有啊，就很一般啊。"

"说说看啦！昨天的这个时候，到今天早上上课前，你做了哪些事，遇到了什么，说说看嘛～"（哈哈，我都已经像是撒娇

一样的语调在说话了）

"哦……好，"（可爱的孩子歪着头想啊想，然后说）"我……下课去吃饭，然后去书局逛逛，然后……啊，对了，昨天晚上，刚好是每个星期二的晚上，我半夜 2 点到 3 点都会听一个好笑的广播节目，"（孩子的声音开始上扬）"那个节目超好笑的……"

在这样的停留驻足中，忽然，在那方寸之间，看见了。看见了一朵花悄悄地开在外墙上，从围墙里面长出来，长到围墙外面一点点……

"哦！老师从来都不知道你喜欢听广播哦！多说一点好不好？"

于是啊，如实的存在，带着爱和喜欢的光线，照耀眼前的这个眼睛难得发亮的孩子……那是一朵花，惊鸿一瞥地从墙里长出了墙外，但是一阵风就可以把它吹回去。同时，因为驻足了，停留了，好奇了，于是可以顺着花儿长的方向往回找，于是，忽然轻轻巧巧地越过了原本高高厚厚的外墙。

"那个让你半夜两三点会哈哈笑的内容，说一点给老师听好不好？"

"哈哈，好啊，那两个主持人真的超级好笑，其实就是生活中的乱抬杠，可是我常常听着听着就好开心哦。"

几年之后，陆陆续续从不同的地方不同的人那儿，听到这个孩子的消息。他寒假去参加了广播电台举办的夏令营，体会了一日电台小主持，毕业前他选择去广播电台实习……

十几年后，我惊喜地收到他寄来的一封电子邮件，我触动地发现，是我刚出第一本新书时在接受电台专访时的广播内容。这个孩子长大以后，竟然用专业的声音剪辑，柔软又温暖地衬上钢琴配乐，细心地为我好好留下珍贵的电台专访记录。是这个后来越长越好的孩子，让我第一次立体地感受到那墙里开出一朵花的风景。

高墙，外表看似武装、看似阻挡，不知道为什么，我却很底层地相信，那高高的墙里面啊，总是藏着一颗柔软的心。

于是，如果有机会看见一个孩子"说到哪里忽然明亮一刹那的眼睛"，或者听懂了这个孩子"昨天和今天哪里有一点点不一样"，那么，我们就看见了一朵花悄悄地开在围墙上，像是从围墙里面长出来，长到围墙外面一点点，于是啊，可以顺着花儿长的方向往回找，然后，轻轻巧巧地越过了原本高高的墙。而那眼前的孩子，他心里如实的存在，有了爱和喜欢的光线照耀。

我的学妹绮佑，一位很真挚的心理咨询师，我很喜欢她的一段话语："心理咨询就如同一双温暖的手，适时地伸出手，接纳；适时地推出手，赋能；适时地放开手，祝福。"

两道心墙的内墙

来说说内墙，"不知道这是不是真正的我？"这是难度更高的，同时也是学习陪伴时最需要专心越过的高墙。这个高高的内墙，很需要很需要的陪伴，是温暖和柔软带来的安心。

我想起曾经读过一段瑞秋·娜欧米·雷曼（Rachel Naomi Remen）说过的话语：

"斗牛时，场中有一处公牛觉得安全的地方，倘若它能到达此地，就会停止奔跑，能够聚集所有的力量，不再感到害怕……这个公牛的安全处就叫作立牛处（querencia，西班牙语，代表一个不受环境影响，仅仅属于自己休息的空间）……"

关于立牛处，来说一个真实发生的故事。

那个冬天，出门带工作坊好几天，晚上忽然身体很不舒服，心里担心着不知道如果更不舒服需不需要去急诊，人生地不熟，害怕整个涌入身体。电话里，12 岁的大女儿黄阿赦听出爸爸的声音不太对劲，她关心地说：

"把拔①，你怎么了？"

①　即"爸爸"，孩子带着口音的称呼。——编者注

我虚弱地跟女儿说着我的害怕、担心。电话里，女儿极其温暖、温柔地，说出让我热腾腾的、泪水瞬间落下的 5 个字：

"把拔，不要怕。"

我，有时候真像那只疲于奔命的公牛，只是一个瞬间、一个刹那，在女儿的关爱中，抵达了寻找已久的立牛处。

因为被温暖包围了，安心来到了，于是，有了一个地方，可以停止奔跑。然后认出了这个自己："哦，原来生病时的自己，真的脆弱啊。"于是，得以越过高高的内墙：

"不知道，脆弱是不是真正的我？"

"是啊（深呼吸来到），生病时好脆弱，是真正的我。"

就在那深呼吸来到的刹那，有了一份懂得，于是，人和自己，终于连上了。如果你愿意，可以找一个安静的空间，想象以下的画面，这样的想象，说不定很有机会可以在下一次的生命遇见里，陪你越过高墙：

"大大的天空下，有两道墙，高高的、厚厚的，好像怎么也走不进去啊……于是啊，先在墙外、墙下驻足等待着吧，呼唤一下心里那好奇的心、好奇的眼睛，也呼唤曾经拥有的暖意和柔软，带着微笑，东看看啊西望望，驻足，等待着。

"忽然，一朵小花终于愿意探头，越过荒凉的边界，延展出来……看见了！于是来凝视吧，像海岸清晨的第一道曙光那样柔和、不刺眼的凝视……"

不知道你知不知道，一朵小花要变成美丽的花园，需要大块的时间生长，需要大自然的力量、抚慰和滋养……

　　也好像是酿一坛酒，在时间岁月中发酵，于是有一天，香醇浓烈的酒香终于"啵"一声地来到……

　　我很喜欢的作者杰克·康菲尔德（Jack Kornfield）这样说："我们身边所有人的心里，都有一块美好的园地等着被触及……即使在不确定中，也能仔细聆听别人的需求，会产生更深远的力量。"

　　一个冰雪聪明的工作坊学员这样生动地描写："相信可能、相信美好的园地存在，就好像《美女与野兽》中，冰冻的城堡里仍然有绽放的玫瑰一样。"

　　于是，我们祝福着，我们等待着，那个终于爬过高高的墙、终于越过荒凉边界的生长。

05

遇见冰火同源的孩子

在心理咨询这门学问里浸泡也 30 年了，我发现，这门学问其实很看重"与人的亲近"。

要能与人亲近，需要又真实又可爱，需要能亲近自己又情感流动，还要表达清晰。要与人亲近还有一个地方很难，就是要能自己负责承接自己的情绪，不让情绪排山倒海地淹没身边的人，要能与人亲近……

我如果继续写下去，正在读这篇文字的你可能会越来越辛苦，因为，接下去的长长的描述，会让读着的人好像无尽头地觉知了自己哪里还不够好，哪里还不够负责，哪里还不够成熟……

所以，这样继续说并不会带来帮助。这样说，只会带来压力。

我们来做点比较有意义的事，我们来练习很有意思又功能强大的"意念破题法"。这里，先来直接破解第一个："与人亲近，我们需要学会接触自己的情绪。"

从小，我很容易哭，很容易生气，很容易紧张，很容易焦虑，也很困难把自己的感觉想法说清楚，因为内在情感那么澎湃……我猜想，我的小学三、四年级的老师，应该不止一次怀疑，黄士钧是一个有情绪障碍的孩子。

我在心里，看着那个 7 岁、10 岁、15 岁时的自己，那个情感澎湃、敏感深情的孩子，当然还没有学会表达，当然也还不知道怎么接触自己。于是，当时的年轻的我，真的与"情感通畅、真情流露"离得好远好远。于是，在几次试着要情感炙热地表达之后，被处罚、被责骂。然后，忽然缩起来、冰起来、藏起来，像是放入急速冷冻库里的生鲜，忽然冰冻了，外表的纤维都瞬间收缩起来，固定不动了。

我偶尔会想起中学时的自己，会在某一天的早晨或某个星期一，忽然决定："今天一整天，或这整个礼拜，我都不要开口说话。"把自己完整地关闭起来、躲藏起来、冰冻起来，因为，这样才能保证自己不会失控。

炽热的心，却需要做出冷冻冰藏的决定，如此冰火同源的孩子，不知道你认不认识……回忆起四五年前，那是工作坊散场的傍晚，一个常来上课的社工在我整理麦克风的时候，坐到我身旁，这样问我：

"哈克，我有一个学生陪了两个学期，我在犹豫，我要陪他第三个学期吗？因为这段时间我和他一起找了很多路径，碰壁了，又持续回来，好像没有找到方法。我在想着，要继续陪下去吗？这样会不会太耽误人家啊。"

"他喜欢你吗？"我一边整理麦克风音箱的电源线，一边问。

"好像喜欢，因为他很稳定来谈话，即使不一定真的解决了问题或是立即对某个状态有改善，但他就是很稳定地来。我从他一年级上学期的期中考之后就开始陪他，他很辛苦，是一个把感觉整个关掉的人。他一年级的时候，我常跟他讲'感觉关掉'这件事情，他很可爱，虽然表面上没有说要做什么，却在暑假的时候做了一点尝试……'既然老师都这样说我，那我拉一点感觉回来。'

"结果，拉一点感觉回来之后，就山洪暴发了。

"一年级下学期，各种负面情绪不断冒出来，情绪闸门忽然关不起来了，影响他好多的生活，所以，他花更大的力气去把这些东西再关起来，才有办法继续他的人际交往、课业和生活。我们这学期就结束在一个状态，他把自己整个关掉，但是生活运行得很好。"

我停下手边的忙碌，凝望着眼前如此关心孩子的社工，心里升起一种暖意，让我觉得，我们的现在和未来真的很有希望……

我好奇地往下跟："整个关掉！他怎么关的，这么厉害？"

"我也觉得很厉害，他的关，是连吃饭和睡觉的感觉都关起来了，睡不着也没有食欲。我觉得我们的关系有建立，但我卡在不知道该如何继续帮忙下去，好像某些东西可以讨论、可以继续谈。可是人家都这么稳定地来面谈，我却不知道自己有没有办法帮到他。"

眼前的社工，热腾腾的心，这么忙碌地工作，假日还自己掏腰包来上课进修，真是用心活着的生命啊……我继续说着：

"这像是盼望自己有贡献或是能帮到什么。你知道吗？这是很正常的心情，也很合理、很人性的，心里想着希望自己可以帮到点什么。现在的难题是在这两个端点，'接触感觉'或是'关闭感觉'。

"当你看见他关闭了自己，就很自然会想要鼓励他去接触情绪，可是他接触情绪了，却像是炙热的岩浆很不好控制。这样的孩子，似乎只有'火山沉寂（冰）'或'火山爆发（火）'两种，暂时找不到中间的那种温泉，可以享受缓缓涌出的、热气袅袅的舒服状态。

"这个时候，陪伴者可以停下来想一下，什么是长期目标（long-term intention），什么是短期目标（short-term intention）。

"这个孩子啊，看起来你已经试过，也体会到了，热烈似乎不是他现在的出路。当你发现什么不是他'现在'的出路，你就知道，这是修改短期目标的好时机。

"于是，把像是温泉缓缓涌出的那幅'情感传递温热又流畅'的画面，甘愿地留给长期目标吧，这个温热的美妙情景，说真的，很有可能会在十几年或二十几年之后缓缓来到。

"而短期目标呢！这是可以好好工作，可以滚动调整的地方。一年级面谈时，原本是希望能把关掉的感觉打开。现在知晓了、体会了，哎呀，这个短期目标需要修改了。不是做错了哦，是知晓了、体会了，于是，是时候来修改了。重要的是，前面一起走的那条路不是冤枉路，那是你参与了他生命的发生。"

"哦！参与，这个角度我没有想过呢……"受过学院派严格训练的社工当然会用心努力地思索咨询面谈改变的有效性，于是，这时候歪着头思索的社工，开始触碰到陪伴专业一大片新的疆土、新的天际线了！

是啊，参与，我二十几岁在美国读研究所时，修了家庭治疗的课，当时，好震撼我的一个名词，就是"参与"（Join）。年轻的社工这么有兴致学习，我很开心地继续往下说：

"对啊，参与，Join，我有时候会觉得，参与，好像比改变或进步，还要更深刻呢！用数学公式来说，好像是这样：

参与＞改变或进步

"来说一说，什么叫作参与。我在想，你要不要试着，站在'你陪了他两个学期'的时间位置上看未来，而不是站在他一年级上学期来找你的时间位置看现在。

"当你站在他大一上学期的时间位置来看现在，你就会很容易去担心，是不是没有帮到他，是不是人家每次都来，可是我好像做不了什么，于是扎实、完整地困在'咨询面谈有没有效'的这个烦恼点。

"如果换个视角，站在'你陪了他两个学期'的时间位置上看未来，你会看到的是：嗯，我发现他没有接触自己的情绪，我鼓励他，他去试了，爆炸了；又努力控制、关起来，哦……

"我看过封闭的他（拼图1），我看过热烈的他（拼图2），我也看过无法支撑情绪但能支撑生活流程的他（拼图3），这三个他，我都参与了，我都真的看过了。（拼图的概念，在第四部分会完整地说明。）

"这样，看过三种他的你，正好就是真的参与了他的生命的发生，你参与了，同在了，懂了封闭冷藏拼图的他，懂了热烈情感拼图的他，也懂了奋力承受住拼图的他，懂了这么多张重要的拼图，你当然适合陪他。

"你是在一次又一次的面谈里听他讲，你懂了好多不同拼图的他，我猜想你很适合继续接这个个案，因为你参与了他的生命。

"你可以鼓励他接触其他资源，但是请不要撤掉你的陪伴，你可以鼓励他去读锦敦老师的书，你可以在网络上找很好的影片或播客跟他一起听，让资源进来，但是不要撤掉你的参与。"

"哦……"（这个声音似乎直直地往心底走……）年轻的社工，眼睛亮亮地吸收着，一片新的疆土、一片湛蓝无垠的天空。

看着眼前年轻的助人工作者，我想起自己刚从美国回来的第二年，同时在多所大学当兼职咨询师，那时，很幸运地遇到一位影响我很深远的前辈。

能多陪一天是一天

那一年我 29 岁，学校心理咨询中心主任紫薇老师，像是温暖又头脑清晰的姐姐，有一次好像是傍晚四五点，正好个案请假没有来面谈，我在休息室的咖啡机旁边看杂志。紫薇老师走过来关心我这个咨询界的菜鸟，她说：

"士钧啊，我跟你说，个案不要太早结案。"

"哦！主任，为什么？我在美国学咨询心理学的时候，都说接案要有效率，6 次或 12 次就好，不要拖长啊。主任你可不可以教我一下，你是怎么想的？"

已经有 20 年陪伴经验的她，笃定又温暖地这样教我：

"学生啊，个案啊，你能多陪一天就多陪一天，多陪一个礼拜就多陪一个礼拜，多陪一年就多陪一年。孩子要的不一定是改变，孩子有时候就是想要有人陪着，你如果能够陪他陪到毕业，对他就很有意义，你不一定要他改变。"

多年之后，写文章的我整理到紫薇老师这一段，依然触动，依旧温暖。而眼前年轻的社工，眼睛亮亮地听着我说多年前遇见紫薇老师的故事，我猜，这个故事，在这个时空，已经同时存在于我们三个人的心底。

"听起来，你对这个孩子是有感情的。"我看着眼前亮亮的眼睛说。

"有啊，不然我怎么会到现在还在挂心着他。"年轻的社工很确定又带着感觉说着，不知道我有没有听错，那确定的声音底下，似乎正在颤抖着。于是我等待着，让心里的暖意、饱满逐渐到来，让内在的天空更打开、更辽阔，然后，1秒，2秒，3秒，眼泪啊，忽然从年轻的脸庞滑下。我深呼吸一口气，把自己准备好，安稳又暖暖的，准备好迎接和参与。

"刚刚的眼泪出来，是感觉到什么？"（我让自己的心加热到最温暖）

"眼泪，哎呀，是讲到挂心那里……哎，那时候才真的觉得，某个部分的自己其实一直在想，到底要不要继续，一直在想他的状态，我很把他的事情放在心上去思考，如果要继续，我可以做些什么，如果没有，那对他真的是可以的吗？

原来自己是挂心的，一说出口，眼泪就出来了，好像是找到自己的真正的心情，好像是转个弯，忽然自己遇见了自己。"

挂一颗真情的心比什么都美

哎呀，真是流动又真诚的生命啊！

在这个眼泪落下的时刻，我的心，承接着眼泪，我的心，也参与着一起庆贺，于是，我笑笑地接着说：

"我赞成继续。你看用什么方式，让他知道你的挂心，然后跟他讨论。一个情感会封闭的孩子，可能是曾经有什么东西被突然中止，水源忽然被截断，忽然就变成沙漠。你已经挂心了，你就是他的水源了，这时候，水可以小，但不要切断。"

"哎呀，哈克，我跟你说，我下周要开学，我从上学期结束后，就一直在想，要不要继续。"

"你啊，会这样想，那就要继续。你会用跟我说话的宝贵时间来问这个学生的事，你选择挂心跟我说话的这个选择，还说到都掉眼泪了，这就是真情。"

年轻的社工，在傍晚夕阳照亮的宇宙里，眼泪竟然停不下来，滴落又滴落，像是天堂一样美。

我微笑着又带着暖意地说："挂心很美，真情比什么都美，对一个孩子有情感、有挂心，好珍贵，我真的觉得，挂一颗真情的心，比什么都美。"

更宽广的思考地图

情感，接住了，接下来，就可以在概念和想法上做调整，想方法。

专业的陪伴里，遇见冰火同源的孩子，一旦试过接触情绪，然后支撑不了那份热烈，那么，就不用执着"一定要接触情绪"。

不执着，说起来容易，做起来其实非常困难。首先，不执着

"接触情绪"这条路线，需要先愿意拥有更宽广的思考地图，知道"接触情绪只是心理成长的其中一条路线，接触情绪只是与人亲近的一座桥"；于是，愿意也能够开发另一条路，搭建另一座桥，开挖另一口井。

路在哪里呢？搭一座桥的材料去哪里找呀？谈话的时候不谈"接触情绪"这个主题，那……谈什么呢？既然"情绪"这个点对这个冰火同源的孩子来说太热烈，那就值得开挖另一口井。

另一口井，可以是"兴趣或爱好"——他做什么事情的时候会开心，会喜欢自己。

另一口井，可以是"成就感"。我不会一直问他"什么是你的渴望或热情"。"渴"跟"热"都是感官性语言，太热烈了。而"成就"这两个字没有热和情，于是，可以顺顺地讨论，也可以继续扩展那一份了解，像是：

"哦，你学程序设计的，老师很好奇，我可以看看你的程序跑起来是怎样的吗？"

"你刚刚从打工的地方赶过来，我中午的时候看店前面排了好多人，你这样努力打工可能存不少钱哦！你怎么看钱这件事？"

"老师记得你很会种鹿角蕨，想听你说说，要怎么照顾鹿角蕨才会长得绿意盎然呀！"

这样的对话，和学习有关，和存钱、累积财富、理财规划有关，于是，虽然听起来很日常，但同时，带着成就感和未来感的好状态常常自然地就跟着来了。

黄昏的光线越来越低垂，可是年轻的社工，看起来也没有急着要去哪里，眼睛亮亮地看着我，好像很想继续听呢!

继续有晴朗的联结

好啊，话匣子打开了，我就顺着这个主题多讲一点喽：

"这里很有意思哦，你看，成就感和兴趣爱好，都是'阳光能量'的名词，但没有包含身体、感官和情绪的字眼（不热，也不烈）。于是，聚焦讨论起来，让冰火同源的孩子不会因为太热烈而无法承受。

同时，因为开发另一条路，因为搭建另一座桥，于是，阳光能量持续累积，即使这段日子没有畅快的接触情绪。当我们没有急着想要在'接触情绪'这个主题去改变他或帮到他，你就真的能继续听见故事，于是在天地之间，继续有联结地，参与了他的故事的发生。"

如果使用隐喻的话语来说说此时陪伴者的内在声音，那会是：

"……看来我目前暂时不能跟你有热牛奶的联结，那，我来想想我可以跟你有生菜色拉的联结，温度没有那么热烫烫的，可是，有联结比起没有联结还是胜出很多!"

"……所以，人和人即使再疏离，也可以有联结，假设红橙黄绿蓝它是一个光谱，红色、橘色是很温暖、很饱满、很丰沛的联结，那么另一端，也可以像是晴朗的天空，那一份蓝色的联结，什么都清清晰晰的，没有什么不确定的情绪，其实也挺好。"

"哈克，听你这样说，我好像看到一个情绪的光谱哦！好像可以离开疏离或亲近的两端，带着祝福的心，去看待晴朗和温暖之间那过渡、渐层的光亮。"

"哈哈，对呀，你说得真好！真的是过渡、渐层的情绪光谱。我上个月正好写了一首短诗，就叫作《爱的光谱》。我打印出来了，我拿给你看哦！"

爱的光谱

如果不能爱，那就关心；

如果不能挂心，那就想念；

如果不能想念，那就想起。

如果情感没有办法流畅地传递给他，那就传递关心给他；

如果不能帮他改变，那我来参与；

如果不能参与，我就当个听者就好。

看着这首短诗，年轻的社工整个人都好奇了起来，问着："哈克，我想知道多一点，这个关于陪伴时的光谱的概念……"

"哦，你觉得哪里有意思呢？"

"嗯……可能对应到我身上时，我是情感比较浓烈，所以，面对比较没有感觉的人，他会在我的另外一边，我会不知道怎么陪他……"

情感浓烈如何陪伴清淡理性

"哦，你这样说，让我想起我35岁那年正在读博士研究生的时候，曾经督导咨询研究所硕士班的一个很理性的学妹。督导到一半的时候，我跟她说：

"'学妹，我问你哦，你在硕士班上课的时候，老师会不会批评你，跟你说你怎么都没有同理心，说你练习同理心的时候都是简述语义，好像不会反映感觉，老师会不会一直讲你，说你没有同理到一个人真正的情绪，这样不行？'

"我还记得，她挺激动地说：'对啊对啊，学长，我这学期遇到的每一个上课老师，都说我这样不行。'

"我看进她的眼睛，真心地也慢慢地说：'你知不知道，你这种理性思考能力很强的人，可以陪伴很多很理性的孩子。而且，因为心理咨询师和心理辅导老师都偏感性，我们这边感性的人已经够多了，你知不知道你这样的人做咨询师，很有发展。'"

所以啊，真正可以工作的地方很多，陪伴的光谱是整个大大辽阔的天空和土地。在这个爱的光谱里，你可以很理性，也可以很情感；你可以很生活、很现实，也可以很抽象、很哲学，没有人说一定要怎样才对。而生命，好像也是因为多样性才特别好玩、特别有趣。

从语言的使用来说，这个光谱可以在不同的落点、使用不同的语言文字来响应个案。所以，陪伴时，有些孩子我会说想念，有些孩子我会说挂心，有些孩子我会说心疼，有些孩子我只会说想起。

"这真的是细腻度哦。"年轻的社工听到入神。

"哈哈，对啊！这里的语言有很丰富的选项。遇到某些个案我会说：'好开心见到你哦，好期待今天听你说最近发生的事情呢！'而有些个案我只会说：'最近过得好不好？'就这样而已，而光谱如果更偏蓝色一点，我会说：'不知道你这个星期睡得好吗？'或是'最近，吃得有营养吗？'"

"哈克，听你说这样的光谱，好像是在调光或是调温度哦。"

"对，调光或是调温度，你形容得真准确。我们用调温度来说。你知道吗？人的情感温度有时候很同步对应自己偏好的车内温度设定哦！（或是偏好的室内空调温度设定。）

"有些人开自己的车，一上车就会设定偏好温度（或者一进房间就会开空调设定喜欢的温度），有些人喜欢 25℃，有些人喜欢 22℃。你也可以想想你喜欢几度。

"像我，偏温热的情感，所以我车子里的温度设定为 27℃，同时，我知道有些朋友会调 24℃ 或 25℃ 。很有趣的地方是，情感温度偏高（光谱在红色温热区）的人，似乎也会把温度设定调得高一点，而偏理性、爱思考的朋友（光谱在蓝色晴朗区），好像倾向把温度设定调得低温一点。

"当我们遇见情绪光谱或情绪温度和我们相近的人，像是 26℃ 遇到 27℃，常常一拍即合，磁场顺畅，好像说什么都对，说什么都有话题往下接，很舒服，这是本性自然流动又温度相近的舒服。

"但是，如果你是 26℃ 的，总是会有遇到 20℃ 的一天，你要了解，这样的相遇当然不会本性自然流动得很舒服，因为本性有挺大的温度差或光谱距离。于是，一边相遇，一边倾听，一边参与，然后，边说边调整，有意识地调整内在的关注，有意识地调整使用的语言，用心往蓝色光谱那边调整，于是，才有机会真的陪伴。"

亲近是一种选择，不是一种美德

"哈克，这样用温度思考，真的会想到身边的朋友是几度，还有，我刚刚坐在那里听哈克说蓝天白云的时候，想起一些关怀的学生可以和他维持这样的晴朗的联结就好了。

因为有一些学生我觉得很难跟他亲近，或是创造一些联结感的互动，我会有种靠近不了的感觉，可是当哈克刚刚这么说的时候，我有种放松感，其实没有关系，这样也可以，我只要持续跟他维持联结就好。"

"哈哈，对啊！持续维持，其实很关键。我有时候会觉得，心理咨询可能太强调亲近，太强调温暖，因而忽略了人与人的互动其实可以很清淡。很清淡不代表没有联结，清淡的联结也是一种联结，这好像是一种更可以在天地之间呼吸，更自然的联结。

"我觉得，亲近是一种选择，不是一种美德。我有时候会说，亲近这种东西，不要把它当作好像是心灵成长的一种要求和目标，这样会让很多孩子窒息无法呼吸，很多孩子就是没有办法亲近，当你把亲近当作是一种美德的时候，他们只好讨厌自己。"

谈恋爱时，是不是要找温度相似的

外面的城市的灯火已经悄悄亮起，心流的对话让时间过得快。走向电梯的路上，我们有了这段临别对话：

"哈克，那……谈恋爱的时候，是不是也要找温度相似的呀？"

"哈哈，这个很有意思哦，这个呀，要看你谈恋爱是想谈短暂的、火花四射的、值得缅怀的恋爱，还是久久不想分开的恋爱。我大学的时候在通识课修了一堂陶艺课，捏陶的老师曾经这么说，两块泥土，如果要贴合在一起，长长久久，那么……泥土的温度，越靠近越好。"

不装扮成咨询师的模样

霜降时节，天冷，偶尔到来的阳光暖意特别被喜爱。阳光洒落的早晨，在学校服务的年轻咨询师捎来信息：

"哈克，我跟你说哦，天冷的日子也进入期末了，这些天逐步和学生结束这学期的面谈，这星期，有两个陪了两个学期的学生，在最后的面谈里跟我说：'我，喜欢自己。'"

我们一起红眼眶，我还加码，抖动肩膀来庆贺。一个孩子可以肯定地说："我，喜欢自己"，即使有时候还会对自己生气，有时候会情绪低落。喜欢，我猜会带来快乐，带来力量！哎呀，好祝福他们哦！

听到这样暖暖的信息，我的心里像是开了一朵花似的绽放着，我这样响应："这是美好的发生！你猜，是因为你做了什么，带来了这句话？"

年轻的咨询师这样回答：

"这两个学生，我猜我对他们的帮助有 10% 到 12%。因为我们联结得不错，他们对我有信任，也收到我对他们的欣赏与喜欢！

"我猜，我带着亮亮的眼睛，眼睛里有泪水、有微笑、有深情、有温度，还有满满的欣赏，也有哈哈大笑……我好像没有想要矫正他们的行为，我想陪他们可以有机会听到自己的心跳、自己的声音，可能顺着喜欢的事情，也可能从练习拒绝我开始……可能也理解着自己正在做的事情……

"哈克，我跟你说，当他们说'喜欢自己'这句话的时候，是那种忽然跳上来的感受，然后我们一起雀跃和感动。"

哎呀，怎么这么动听呢！我继续好奇下去："对了，你是不是越来越喜欢当一个助人工作者呀！"

"对，我真的蛮喜欢的哦，有挑战、有挫折，身体也好累，但总是能获得满足。"

我忍不住再好奇下去："你会怎么形容这份满足？你猜，你的什么决定，或是什么改变，带来了这些满足？"

"啊，那种满足感，像是在黑蓝色的夜里，有着满天星星，看见一颗星星，它忽然闪了一下，我知道那一闪的重要性，他会在他的星际里闪着光，而我在远方祝福。

"嗯，是什么决定和改变带来这些满足呢？一个是眼光，眼睛里多了很多喜欢和欣赏，我也试着拔掉社会的价值和期待（这个超级难的），眼睛回到他的身上，如果他一直不来学校上课，他选择留在那里，我就同时想想，他做这些事情，对他是不是有某种程度上的意义。

"另一个很有趣的事是学生回馈给我才发现的：是我决定在面谈室不要演得像咨询师的样子（很温柔、总是在讨论什么深刻的话题），我好像是以一个人的状态去和个案相处，有时候会轻松，有时候会展现某些情绪，也会跟着一起红眼眶。我现在还没有很确定这样好不好，但至少这个学生因此感到安全，因而让自己的情感流露。"

这样的话语，真的好像冬天的暖阳，有温度地暖了身子。

太好听了！太好听了！

"决定在面谈室不要演得像咨询师的样子……"

"以一个人的状态去和个案相处。"

找了这么多年，终于在这样的对话里寻得了文字语言，来说什么是"有人味的助人工作者"！原来，是这样的呀。看着眼前的个案，感觉他的抗拒，接收他的快乐、无力、生气和哀愁，然后，决定"不要"在面谈室演得像咨询师的样子。决定不演，决定不假装专业，选择以一个人的状态去和个案相处。

可以说"我跟你有一样的烦恼"吗？

一个周末的早晨，做了一场示范，主角想处理的烦恼，正好我也有。陪伴的现场，我很自然地说："我和你一样……"（接下来的文章里，我大部分的时候都会用"主角"来描述眼前和我互动的人，我不太使用"个案"这个词，我习惯用"主角"这个词，因为我觉得每个人都有机会成为生命的主角。）

示范过了几天，身边好奇又用心学习的咨询师这样问我："哈克，我好奇啊，为什么你很自然地回应了'这个，我和你一样'，然后主角就掉泪了……"

"哎呀，这个是生命在平凡与尘世的真实落地，主角之所以会落泪，可能是因为感觉到'原来哦，不只我害怕这个啊……'这里，给出了一份'我们都有这种凡人会遇到的困难啊！'

"同时，我的心里想着，眼前的孩子和我有一样的困难，但是一定是很不一样的原因。所以我选择在这里多停留，先表达我和你一样有凡人的困扰，同时，我也真心想要知道：'等一下的时间里，你想要什么样的我陪伴你？什么内容或眼光多一点，会是你生命这个时刻真正需要的？'"

年轻的咨询师继续充满好奇地想了解，再问：

"哈克，咨询心理学的教科书上有另一派说法，他们认为这样的自我揭露（我和你一样有这个困难）会让个案失去信心，觉得，哎呀，糟糕，连咨询师都一样，那就真的很困难了。哈克是怎么突破这样条条框框的说法的呢？"

问得真好！我的心好雀跃啊。我紧接着这样回答：

"每个学派，都有自己独特的相信。有些学派，专家的金粉成分高一点，就比较会有你刚刚说的对错规则，担心一旦失去了专家的位置，表达出来的信息会比较没有被好好接收。就很像医生穿的那件白袍，那一份专家的形象，对于医嘱的有效性，很有可能是很关键且重要的。

"而潜意识工作学派，很深又很扎实地相信'是的，我和你一样，我们一样的是烦恼、忧愁的凡人本质。同时，我很好奇那些不一样的存在啊！我很想听听你的身上带着哪些我本来不知道的伤心和想念，我很想陪着你找到还有哪些你早已忘记了的力量。'

"如果可以，我很想陪伴你，找回那早已忘了而你以为没有的珍贵力量，然后注入新的你，于是回来，重生。然后，我会庆贺着你，也羡慕着你。所以，潜意识工作，很真实地可以羡慕，可以哭，还可以大笑，然后，也真的很会一起庆贺哦！

"我猜，因为这样的真实和自然，那些喜欢，那些欣赏，才真的有机会，像是早晨温热的牛奶，或是傍晚肚子饿时吃下的那一颗白白胖胖的馒头，进到个案的身体里，成为心底的一股暖流，持续地存在着。"

眼睛亮亮的咨询师继续问：

"是不是因为哈克和潜意识合作那么多年，知道它的力量，远远超过思考的、有意识的和我们以为的？"

"可能是哦。我有时候也会纳闷地问自己，我本来只是一个电子专业毕业的工程师，怎么可能这几年下来，写出自己都意想不到的9本书！我猜想，可能真的是因为潜意识里的宝贝们，都因为我的相信，呼噜噜，噜啦啦地围着我跳舞吧！"

心理咨询是一门相信的学问

一直都清楚地记得，我博士论文的指导教授，我的恩师陈老师，曾经坚定地告诉当时年轻的我们："咨询，是一门相信的学问。"我猜想，因为咨询心理学是生命陪伴生命的历程，所以，当陪伴者拥有了相信，才有跟上的力量可以陪伴需要的人。谢谢天地的安排，让我从 25 岁开始这样相信，然后一直相信到今天。

关于相信，我想起泰戈尔的这句诗：

"只管向前走吧，不必逗留着去采集鲜花携带着，

"因为鲜花会一路盛开着，在你的前途。"

因为很喜欢泰戈尔的这句诗，我也有感而发地，这样写下一段文字：

"年轻的孩子，勇敢又有力量，于是前行是一种必然。

"生命的前行，需要祝福；有一种祝福，叫作相信。"

什么要真实，什么要学习

在某电影大奖的提名讨论区里，看到一句话：

"人生如戏，全靠演技；演了别人，丢了自己。"

这句话真有意思！人生总有需要学习的时刻，同时，人生

特别精彩的时光似乎又跟真实、真诚有关。那么，什么时候要真实，什么时候又需要学习呢？

陪伴者的特质，我觉得真实就好，像是温柔、趣味感十足、可爱善良、认真努力。这些特质，不要强求，更不要强迫自己扮演。如果你的特质偏认真严肃，却偏要扮演好笑、幽默、趣味感十足的陪伴者模样，这样的扮演，真的会"演了别人，丢了自己。"不只自己不顺畅、不自然，眼前的被陪伴的生命，也可能会尴尬、不舒服、不自在。

如果你的特质偏理性思考，却努力地想要温柔、温暖、情感流动，那么，这样的扮演很可能会把你原来理性思考可以带来的美好帮助大大地削弱。所以，从特质和本质上，我认为，自然真实就好，不要勉强扮演。

不勉强，所以能量流动。换句话说，如果你的本性温柔但不太认真，那就尽量发挥温柔的部分，不用在陪伴的过程一直很认真、很努力，只要在重要的时刻、关键的转折提醒自己可以拥有专心就好；如果你可爱、善良很多，但是不太能运作复杂高阶的思考逻辑，那真的不要勉强扮演推理大师、分析学者的角色，深呼吸跟自己说："我用心听懂眼前的孩子正在跟我说什么，同时，把我的善意完整地给出去。"

那么，什么时候适合加强和补足学习呢？咨询心理学的知识概念、陪伴时的细致观察能力、内在的辽阔、心境的安静与承接能力，这些，都值得在岁月的长河里，逐一补足、用心学习。在这本书的第三部分和第四部分，会细细地搭配着真实的故事，解说这些珍贵的好东西。

2

第二部分

带着祝福的**命名**

在墙外，那高高的围墙下等待着，
好奇的心好奇的眼睛，东看看啊西望望，
等待那好不容易的忽然。

忽然，
一朵小花终于愿意探头，
越过荒凉的边界，延展出来。

| 07 |

电梯里跳舞的小男孩

这几年，我很喜欢来来回回地用不同的故事说一个主题，叫作"爱里没有匆忙，匆忙里没有爱"。我们似乎只要一匆忙，爱就消失了。之所以会想要说这个主题，是因为在匆忙的尘世里，我们都很容易忽然掉进匆忙而失去了有温度的爱，同时，一不小心就会忘了本来可以给出的温柔。

当我们不匆忙，甚至有了一点点一行禅师说的"吸气，让平静进来，呼气，我正在微笑"，这时候，就很有机会开始练习陪伴心理学中极为美丽的一门技艺："给出带着祝福的命名"。

来说说这个我自己很喜欢的真实故事——"电梯里跳舞的小男孩"。

那是一个早晨，我为了工作住在火车站附近的饭店，吃完简单的早餐，背着吉他要搭电梯下楼，准备出发去带工作坊。

我在 5 楼上电梯，一进电梯，从楼上下来的电梯里有一个看起来像奶奶的人，然后还有一个少妇跟一个大约两岁的小男孩，他们拉着挺大的行李，我猜是远道搭飞机来的，但是长得跟我们很像，看起来是东方人。

那个小男生头上戴着一个棒球帽，上面有一个英文字母 C。两岁左右的小男孩真的就是不听使唤的年纪，在那个小小的挺有时尚感的电梯里，小男孩冲来冲去，冲来冲去，动来动去，少妇和奶奶就很紧张！语音急促地说："不可以这样，不可以这样，来这里，来这里！"

叠词啊，像这样连续出现两回合，表示"着急"已经成功地占满了内存，启动了自动化的匆忙教养模式。

50岁的我背着吉他，也戴着一顶棒球帽，上面写着一个英文字母L，和这三个人共处在天地间的这个小小的电梯里。

我听到奶奶越来越紧张，越来越不知所措，终于大声地骂了小孙子一句："你到底在干什么？"

我轻声地深呼吸一口气，决定要回答，我说：

"我猜他应该是在跳舞吧。"

然后，在小小的电梯里，我听到一个清晰的呼吸声上去，下来，然后，少妇跟奶奶忽然在同一个时空都瞬间落地，活在此时此刻了。

她们似乎很直觉地又很完整地感觉到，眼前这个背着吉他的人，这个跟自己来自不同地方又和自己住在同一个饭店的人，这个人，他好像没有准备要批评她的孙子、她的儿子……也没有准备要批评她们的教养对错。

"我猜他应该是在跳舞吧。"

空气中似乎还回荡着刚刚那句话语，我看见眼前两岁的小男孩，眼睛似乎亮了起来，那本来强度不小的调皮，忽然之间转化成一丝丝的害羞，然后身体瞬间倚靠去妈妈的裙子那里，完全进入一个不捣蛋的状态，两岁的害羞加上依偎，可爱极了。

那一刻，虽然我没有施展"催眠魔法"，可是时间竟然真的失真了。因为电梯其实从五楼到一楼并没有停，其实物理时间很短，但我们似乎都觉得那个时间好长哦，很短的相遇，却有着很长的安心吐气的时光。

然后我接着说："要不要叔叔弹吉他，帮你伴奏，给你跳舞？"

哈哈，这个提议完全不切实际，一楼马上就要到了吧。

同时，在这句话音一落的刹那，奶奶跟妈妈都笑了。因为她们发现，我不只不去批评小男孩在狭小的空间里冲来冲去这件事，我还要弹吉他支持他进行这个跳舞的活动，小男孩，瞬间又更害羞、更好看了。

然后，电梯门打开了，一楼大厅到了。时间真的短短的，大概就只有五六秒，然后我走出电梯，其实也不真的确定知道他们从哪里来，可是我就说："欢迎来旅行。"

那个奶奶笑了，笑得很开心哦，那个笑表示，她知道我有猜到她不是本地人。然后因为少妇去柜台退房，我站在饭店门口等出租车的时候，我就跟奶奶闲聊，我随口问："你们从哪里来呢？"

奶奶说："上海来，我女儿来开会，就带孙子一起来玩儿。"

这样啊，我接着说："好好哦，真好！记得多吃点好吃的哦。"

奶奶笑着说："会会会。"

然后我突然想起来："但是上海好吃的东西也很多。"

再日常不过的对话了，同时，安心、善意、暖意，都饱满地存在。似乎，当我们学会不匆忙的爱，这个世界就会安心得像是达·芬奇说的："一个好的教堂，应该使人感觉进入了人的内心世界。"

写出上面这个"电梯里跳舞的小男孩"的故事之后的隔天，年轻的咨询师很开心地跟我说：

"哈克，读这个故事，觉得很像米尔顿·艾里克森（Milton Erickson）的经典故事呀！在那看似再日常不过的情境里，给出这么有智慧的响应。我猜他应该是在跳舞吧。而在故事现场的人，刹那间松开那些交织在内里的情绪和念头，回到了纯然的本质。"

我听了很开心，回应说："哈哈，不敢当不敢当，米尔顿·艾里克森是我的传艺师傅吉利根博士的传艺师傅，所以，不敢当不敢当。同时，你真的看见了也感觉到了这个久远技艺的传承，因为这个故事最有心跳的元素，正好就是这15年来吉利根博士教会我的核心技艺：给出带着祝福的命名。"

耳鼻喉科医师也会的——带着祝福的命名

来开个头说说，什么是"给出带着祝福的命名"。

还记得我 40 岁左右，在大学当心理学教授的那几年，我的喉咙长期不舒服，常常咳嗽、喉咙痛，有一次看耳鼻喉科医生，那位比我稍长几岁的良医细心地使用医疗器材检查了一会儿之后，一边看着我病历上的职业栏，一边温和地看着我说：

"你这个病，叫'好老师病'，因为你总是很认真、很用心地一直讲课一直讲课，所以喉咙没有足够休息……

"来，黄老师，我来教你怎么治好这个'好老师病'，就是，来，练习看看一口气说话不要超过 13 个字，这样啊，不管是说话啊讲课啊，中间就会记得吞口水，记得松下来，吐一口气，有时候啊，也会记得走过去拿起水杯，喝口水……"

这，就是带着祝福的命名。

慢性咽喉炎，是病例上的病名。而"好老师病"，是带着祝福的命名。在这里，心里的运作是，把那其实挣扎、其实很乱、其实不知所措的外貌，真的只当作外貌。然后往里头走，即使路是弯弯曲曲的，也往里头走，然后想象着："这颗心，这个生命，除了困住的外貌、外相，那真实而透明的内里是什么啊？"

这位医生，当然知道精准的医学界公认的病名，同时，他没有花力气在那个外貌表层的医学病名，而是给出了这么一个带着关爱也带着祝福的命名。这样的命名，让我开始思考："我如何可以同时拥有健康的呼吸道，然后也同时可以在我热爱的心理学领域里，继续讲授，继续更流动的传递。"

关于"给出带着祝福的命名"，我的传艺师傅吉利根博士特别强调三个关键词：

祝福（blessing）、同在（presence）、敬意（respect）

而五十几岁的我，想要在这三个关键词之后，多加上一个新的关键词，叫作"喜欢"。常常，如果你正在喜欢着你眼前的孩子，同时，在均匀的呼吸里有质量地和眼前的生命一起存在，那么，你的心就正带着祝福、带着敬意凝视着他了。

现实疗法创始人威廉·格拉瑟（William Glasser）是我学习且景仰的人之中，最能给出带着喜欢的祝福的前辈。他常常会在面谈时间快结束的时候，看着个案的眼睛，真心地说："我很喜欢继续跟你说话，我想陪着你走一段。"这样真心喜欢的态度，常常是最好的祝福，因为我们都喜欢带着被喜欢前行。

在电梯里，那短短的三五秒的时光里，我的心，可能真的和小男孩一起舞动，可能也和妈妈奶奶一起深呼吸担忧，同时，我尊敬着跋山涉水而来的远方客人，我喜欢那害羞的、被呼唤出来的依偎身影，于是，一天一天，在生活里，我逐渐靠近这门古老的技艺——"给出带着祝福的命名"。

08

细说『带着祝福的命名』

上一篇，两个真实的小故事"电梯里跳舞的小男孩"和"你这个喉咙痛是好老师病"，想着要把我很喜爱的陪伴心法"给出带着祝福的命名"有脉络地描写出来。这一篇，继续往下细说"给出带着祝福的命名"。

写出上一篇的那天，天光将尽时，我在社群里说了一段话：

"带着祝福的命名，其实很有趣，很多人都以为这是一种称赞或是夸奖。其实不是。带着祝福的命名，比较像是'我好像正在欣赏眼前的风景哦'。所以，不是夸奖，也不是称赞，而是真心诚意地欣赏到了美。"

社群里年轻的咨询师们很有反应，纷纷发言，彼此激荡：

"对，称赞或夸奖，有时候当事人是收不下来的（心里可能独白，觉得：我有吗？），但是，带着祝福的命名好像特别容易直接被接收。好像一件物品或商品，常常会被评断是非好坏，但是正在被欣赏的艺术品，常常是有美感的、无价的、被珍藏的。"

"我二十几岁的时候，从来没有想过，原来，美感和诗意可以融入助人陪伴里呀！"

"我想到这里头的内在，好像是带着一种'好奇＋微笑'的眼神，重新观看一个人……然后才来到了欣赏，于是可以给出祝福的命名。如果心里想着要称赞，很容易一不小心，带着一种'试图扭转对方的感受'的意图，因而失去了一种真心的纯粹……"

过了一个夜晚，第二天继续精彩的发言和激荡……

"一早咀嚼着昨晚大家精彩的对话，像是某种矫正姿势的感觉。我们看见了那个盼望成为的方向和姿势之后，接下来回到自己，感受自己姿势的微调矫正，感觉肌肉的发力，身体姿态的些微角度，下巴的高低……然后就，对了对了，这里看过去最准确！"

"没错没错，就像在调坐姿一般！我很有感觉哈克说的'一起存在'的这份心意，简单又美丽的描述，让一颗心或是一份情，先着地，我愿意跟你一起去那里哦，这时候加上敬意，更让我起鸡皮疙瘩，这种陪伴，可是会让人绽放的啊。"

哎呀，看着年轻的一辈用心学习传承着这古老又崭新的技艺，五十几岁的我心里很喜悦。

是啊，把美感和诗意融入陪伴心理学里，是我的梦想啊！如果可以像是看着一个艺术品般的心情去看待和对待眼前的生命，那么，这个像是纪录片导演的镜头，会拍到很精彩的故事吧！

我也忽然懂了，原来我是如此重视美感和诗意。难怪这些年来，着迷阅读蒋勋老师和余秋雨老师的作品。也难怪几年前去北京带领工作坊时，北京的学员们私底下给了我一个让我很不好意思的称号，那是我不小心在朋友分享的对话截图里看到的，他们私底下说："哈克是心理咨询界的蒋勋。"

是啊是啊，这门技艺的关键的确是在动机和意图。如果陪伴的时候，一心努力想着要称赞，真的"很容易一不小心，带着一种'试图扭转对方的感受'的意图，因而失去了一种真心的纯粹……"这一段说得真是精准极了，精准又精彩到让我只能引用原句。那么，如果不是想要扭转对方的感受，那是什么呢？我想起余秋雨老师曾经这样说：

"善和爱，拆除了生命之间的藩篱，接通了向外吞吐的渠道，使生命从紧张敏感走向舒展自由。"

是啊！带着祝福的命名，正好就像余秋雨老师说的，带着善意、带着爱、带着敬意，在真的一起存在的时空里，因为这个命名的到来，得以拆除你和我之间高高的围墙、刺刺的篱笆，接通了人们得以彼此相爱的流动渠道，然后啊，那些因为彼此没有联结而存在的紧张敏感，逐渐，落地。于是，慢慢地慢慢地，我和你，你和他，朝向舒展和自由走去。

陪伴一个人，除了带着善意、带着爱，下面还有一个我珍藏的挺精彩的心法小诀窍！

烘焙新鲜的爱

《地海巫师》（*A Wizard of Earthsea*）的作者厄休拉·勒奎恩（Ursula K. Le Guin）这样说："爱必须每天重制，新鲜烘焙如同面包。"

那天吹南风，夜里生火，我抱着吉他在月光下刷着和弦，在一场流行病似乎还见不到终点的担忧的季节，心里想着要写一首歌祝福彼此。

10岁的小女儿阿毛拿着木头，敲着铁制的篝火台帮我打拍子，我们一起坐在火边吹着凉凉的风，歌词和旋律在夜晚的南风里落下，我轻声地唱着：

都兰的风往东吹 吹过了花莲吹向海洋

都兰的风往东吹 是不是春天已经在路上

亲爱的太阳 请抚慰我们的伤

安静的小女孩一边用木条拨柴火，一边听着把拔琢磨着词曲，她也一边想啊想啊想……寂静的夜色里，阿毛开口："把拔，我想到一句，温柔的风，请吹过我们的心房。"

哎呀哎呀！深呼吸来到。可能因为夜色特别安静，我竟然完整地收到了女儿的美，赶紧赶紧把这句珍贵的词写进我的歌里：

都兰的风往东吹 吹过了花莲吹向海洋

都兰的风往东吹 是不是春天已经在路上

温柔的风 请吹过我们的心房

亲爱的太阳 请抚慰我们的伤

写下一首短诗，为喜欢的旋律填上一两句歌词，只要不执着于文学性，是可以很生活化地"给出带着祝福的命名"。

当杂乱的思绪像是从一颗颗头上飘过的气球，在一个又一个的深呼吸落下，终于感觉到一种平静，一份安静，感觉到了风吹在手臂上，忽然，温柔的风真的吹过了心房。于是，我忽然懂了《地海巫师》的作者厄休拉·勒奎恩的这句美丽的话语："爱必须每天重制，新鲜烘焙如同面包。"

日子匆忙一天天，什么可以带来如同新鲜烘焙面包的爱，如何可以记得每天重新制作呢！我想起李宗盛写给父亲的一首歌《新写的旧歌》里的一段歌词。

只记得 我很着急

也许 因为这样 没能听见他微弱的嘉许

……

一首新写的旧歌 不怕你晓得

那个以前的小李 曾经有多傻呢

先是担心 自己没出息 然后费尽心机想有惊喜……

是不是，你和我一样，在生命中亲近的关系里，总是因为太执着于想要一切都快一点，于是太着急、太匆忙、太担心自己没出息，因而错过了那些其实真心的"微弱的嘉许"。

那么，说不定是个好时机，来许个愿！许愿从今天到明天，从明天到不远的未来，每天重制当天份的爱，新鲜烘焙如同面包，成为那道一丝丝温暖的光，一天又一天。于是，姐姐对妹妹说："辛苦了，加油哦。"妹妹的心里，真的听到了那一份心疼，还有真心的鼓励；儿子对妈妈说："早点睡啦，明天还要早起上班啊。"妈妈的耳朵听见关心，心底收到了那珍贵的当天份的爱。

于是啊，即使有苦有难，祈祷着这个世界一颗一颗跳动的心，可以如同创作歌手郝云的歌词："……捡起被时间碾碎的勇气，让双脚沾满清香的泥"。

09

怎么给『带着祝福的命名』

来继续往下说，怎么在陪伴的过程里，看着眼前的生命，给出带着祝福的语言。

听着眼前的孩子说着自己人生的故事时，我啊，常常闭着眼睛去感觉耳朵里传进来的音色。是音色哦，因为不只是音量传进来，是音色。空气里，会传进来故事中、心窝里的音色，有时候会颤抖，有时候有欢呼，有时候有伤悲。

抖抖抖，烘烘烘，萧瑟萧瑟，间间断断又绵长悠远地传进我的耳朵，于是，我总是深呼吸，把听到的，捧在心口，共振又回荡，然后，共振又回荡，然后下一刻，我常常接着开口说话，给出祝福和喜欢的言语……

很有意思的，当主角感觉到自己的故事被喜欢，常常会自动自发地开始前行。当主角感觉到自己的故事被喜欢而且被祝福，这时候，信任，主角对自己的信任，会像是肥沃的土壤一层又一层地堆砌形成，一次又一次地被喜欢，常常就能够更信任。

被喜欢，于是更信任，于是，更流畅，于是，更喜欢自己的模样。眼睛亮亮的年轻咨询师这样形容："喜欢像是燃料。"

对！烹煮食材需要燃料，烘烤香喷喷的面包也需要燃料，原来啊，烹饪、温暖生命的燃料，有一款特别美好，叫作"真心的喜欢"。

身旁用心学习的咨询师接力发问：

"关于'音色'，哈克，在生活里，怎么累积对音色的感受性呢？怎么样让自己对声音里的情感接受越来越饱满、细致呢？比如，听出声音里是敞开又自信清晰的表达，或者其实是偏理性思考的表达。"

走进声音的内里，遇见四波泪水

哈哈，我用赏鸟当例子来说。有些朋友知道，我年轻的时候热爱赏鸟，甚至在很穷很穷的年轻岁月，一发狠花了 12 万元，参加了一次为期 10 天的赏鸟探险之旅。我还记得回家时，户头里好像剩下 3000 元。

在野外赏鸟，音色的辨别，是能不能在望远镜里定位出色彩美丽的鸟儿的关键能力。

"呼——呼啾——啾啾啾——"几乎是闭上眼睛地、专注又安静地听着，于是，知道，哦，鸟儿似乎是在树冠层离粗的主干 2 点钟方向大约 5 米的位置，先是在听觉里，深呼吸感觉到了，然后才拿起作为"视觉担当"的蔡司望远镜，往那个方向搜寻，调焦距，模糊然后清晰，然后，"哇——"然后再调焦距，然后，"哇哇——怎么有这么漂亮的鸟、那么迷人的过眼线！"

立体的音色怎么听到的呢？来一起看看下面这个故事。有一次在工作坊里，听着眼前 25 岁的主角说着自己的难受：

"……我常常想念过世的爸爸，常常哭，已经好多年了，有时候还会怪自己，为什么别人都不会这样，只有我会这样难以承受地想念到哭，还这么多年，怎么好像都一直走不出来。"

闭上眼睛，我安静地听

于是，闭上眼睛，我安静地听，辽阔的空气里，我听见颤抖的声音，好像，在自责和难以承受的底下，有一份很深很纯粹的思念啊！除了辛苦，好像不只是辛苦，好像有一份很纯粹的联结，在这颗心和爸爸的思念之间。

"那思念的爱，藏在哪里呢?"我好奇地听，又好奇地问。

哦，主角的心里的眼睛找到了，原来，10岁那年，距离父亲过世前几年，已经会撒娇的自己，在百货公司的年底清仓大甩卖的热闹夜里，爸爸给她买了那个后来珍藏15年的黄铜扣牛皮日记本。

主角啜泣着，我深呼吸；她微笑，我跟着嘴角上扬；她的手轻轻地触摸心里，触碰牛皮日记本，我也深呼吸感觉着像是也触摸到了似的。

我打开眼睛，望向正在说着故事的25岁的孩子的脸颊，从外面进去，往心底方向搜寻，调整倾听的焦距，远远地听，也近近地听，大约10次的深呼吸之后，我感觉到了，我感觉到了那份纯粹的爱。然后我开口说：

"哇，会有那么多眼泪，原来是小女孩那份无法承受的被爱的想念啊。"

然后，像是想象的，同时又好像真的感觉到了，我说：

"不知道是不是，会不会，原来，天上的爸爸也舍不得离开自己这个眼睛亮亮、情感丰富的女儿啊……"

眼前的主角泪水不停地滴落，啪嗒啪嗒……纯粹的爱，好好地落地了。原来，思念，深深的思念，总是有来有回、有往有返、有出有进、有给有收的往返车票啊……这样，在天色里，在心海里，在光影中，听见了立体的音色。

如果我们倒带这个现场的纪录片，主角前半部的故事里，有颤抖的声音，有自责和难以承受的悲伤，这些，都是真实情感故事的落地；而转折点，主角触动到泪水盈眶的第一个刹那（已经不是悲伤的泪水喽），可能是当我开始慢慢地把心力放在这个好奇上：

"那么，思念的爱，藏在哪里呢？"

不是只有嘴巴问出这样的问句，而是，带着饱满的慈爱的心，真的好想好想知道，于是在心里沉吟着……那思念的爱，藏在哪里呀……是这样的心里的沉吟和暖意，带来那珍贵的第一波触动的眼泪盈眶。

第二波眼泪的到来，在主角的手轻轻地、左右左右触摸心里的黄铜扣牛皮日记本的时候。这里的泪水滴落，是翻山越岭终于翻过了内墙，那高高的第二道墙，终于碰触到了里头的自己。是因为不再与自己分隔两边，和真实的自己合而为一了，此时，不会再责怪自己了，因为已经碰触到了思念的纯粹。

第三波眼泪的滴落，似乎在这里来到："那么多眼泪，原来是小女孩那份无法承受的被爱的想念啊……"这时候，不只已经越过内墙靠近了自己，而且，还用自己的双手暖暖地拥抱了自己。这时候的泪水，炙热而通畅，极具治疗性。

第四波泪水，在天地间自然涌现，"不知道会不会，原来，天上的爸爸也舍不得离开自己这个眼睛亮亮、情感丰富的女儿啊……"这段像是感应，其实，是极其立体的想象，于是逼近于真实。这样的天地之间的爱，不只有机会抚慰主角悲伤的心，在空气里，在微微暖暖的风里，好像飞翔着一个又一个可爱的有小小翅膀的小天使。小天使们飞呀飞，拍动着爱的翅膀，好像在说："我们，陪着你哦，你要知道，你并不孤单。"

四波泪水，让悲伤的故事被重写了，走到了思念，走到了很立体的纯粹的爱。因为故事立体了，所以忘不了，因为立体到忘不了，所以，确认了故事在生命里的位置，而当一个飘荡的故事终于有了专属的位置，心，就安顿了。

10

如何给出真心喜欢的语言

接着上一篇来继续往下说，如何在陪伴的过程里，给出带着真心喜欢的语言。带着心跳学习的年轻咨询师，看起来对于音色的概念已经学习得很满足了，于是开了一个新的线头，往下问：

"哈克，那，'真心的喜欢'是怎么来的呢？或者，怎么表达最能让人完整地收进这份喜欢呢？有没有小诀窍呀！"

问得，真好。

我自己，也好想念22岁那年，在宋文里老师身旁，问东问西、问梦、问弗洛伊德、问心理治疗、问爱情；也好想念35岁那年，在吉利根博士身旁，问东问西、问怎么把被遗落的自己带回家。

有人可以问，是大大亮亮的幸运。

"真心的喜欢，是怎么来的呢？"我安静地问自己，想起了下面的故事：

一个21岁的孩子，在工作坊第一天早上自我介绍时，满脸通红，额头上汗珠滴滴，开口说话怯生生的，现场可能很多人都为这个孩子捏了一把冷汗。

我没有。我没有为这个孩子捏了一把冷汗。

我微笑着，听这个孩子自我介绍结束，然后我慢慢地看着整个团体室大约30位成员，我带着一份开心和一点点兴奋的语气说：

"你们，刚刚，有没有看到一种好好看的腼腆！"

会这样说，是因为在我的心底，同时出现下面三个心念：

心念一："会害羞，是因为表层情绪后面，有丰盛的内在。"

心念二："会紧张不知所措，是因为想真心说话，但还找不到语言。"

心念三："害羞又不知所措，是一种非常好看的腼腆，是好美丽的画面啊。"

只是看到这里，你一定会想说："呵，这样的心念，太不正常了，到底是怎么来的呢？"

首先，我们需要先觉察我们文化里正常人的思路。正常人，看到一个年轻的孩子自我介绍时紧张不知所措，常常会自动化地进入下面的思路：

思路一："这么紧张，以后走进社会怎么办？"

思路二："这个孩子欠磨炼，应该要好好教一下、训练一下。"

思路三："连话都讲不清楚，这个孩子的未来真是值得担忧。"

这样的思路，很正常。是，很正常，但是，在这个时刻，这样的思路帮不到、陪不到这个因为内在丰富、柔软而腼腆害羞的孩子。所以，可以怎么安排内在重组，而拥有崭新的思路呢？

来，试试看这样做。如果你，许愿想要当一个有暖意又有智慧的助人工作者，你可以试试看这样许愿：

"亲爱的老天爷，请你帮帮我，逐渐拥有一颗心，什么样的一颗心呢？说不定，像太阳一样温暖，像月光那样专注，像土地一样承接，像风那样自由……如果可以，在可以的时候，选择带着喜欢，像太阳一样，照耀温暖眼前来到的生命。"（这里，建议可以试试看用虔诚的、许愿的声音说这段文字给自己听，语速可以是平常说话的一半速度，或者，更慢一些，每一个逗点，都用一个深呼吸来作停留，也给了自己一个吸收到心底的时间。念到"如果可以"那里，来一个大大的吸气，像是对天地许愿似的，头微扬，心打开，双手也可以整个平举向上。）

因为许了愿，就可以想象，自己的眼睛，像是太阳的光芒一样，穿越世俗的种种条件规则，暂时不被那些"社会适应""能力标准"给限制住，暂时不去管"这个烦恼、紧张的孩子到底缺乏什么"，这不是说社会适应和能力标准不重要哦，这些都很重要，只是因为已经很多人在负责管了，于是我们陪伴者可以选择来看看别的。

因为有了新的陪伴者位置的选择，有了新的关注的眼光落点，于是，穿越了黑暗阴影面，太阳的光芒照进了阴影后头的另一面，那可能是很少有人的光可以照到的另一面……那道光芒，像是：

"哦！越柔软的心，越丰盛的内在，常常就越找不到语言来明说……对！然后，着急来了，紧张来了，额头的汗珠滴滴来了，难怪哦。"

"好啊，原来是这样啊，来，让微笑上来，我们来安静地欣赏这个孩子腼腆的美丽吧。这么一来，说不定，心门会打开，说不定，腼腆的后面，那丰盛又柔软的内在，那从来没能开口被听见的美丽故事，甚至美妙摇摆的身形，会因为我们看见了这个腼腆的美丽，而悄悄来到呀。"

于是，在许愿和持续的练习中，思路从世俗那里、担忧那里，逐渐移动到流动又让人安心的心念。

于是，心心念念，美不胜收。

很有意思的地方是，带着祝福的命名，给出带着真心喜欢的语言，不只是陪伴者可以这样做。当陪伴者在长长的时间河流里，一次又一次地离开社会标准的眼光，一回又一回地撤离评判的"法庭"，持续地给出带着祝福和喜爱的眼光，这时候，眼前的主角，会在某一个时刻，忽然也可以这样陪伴自己！

来看看下面这个新鲜上架的故事。

红色的高跟鞋

2022 年的秋天，收到一位工作坊成员寄来的短信，心里很触动，征求她的同意之后，分享给大家。信里，短短的话语震撼着我：

"哈克，我跟你说哦，工作坊第一天结束回到家，我不知道为什么一直睡一直睡。我先生还问我，怎么都不跟他分享我在工作坊里学习到了什么。

"然后啊，工作坊的第二天早上，听完哈克弹唱，挑选红花卡时，我拿了那张'红色高跟鞋'。看到这张卡时，我被自己给卡住了，因为伙伴问我：'这张卡，带给你的感觉是什么？'我说：'穿了脚疼，不舒服'，然后后来就一直纠结，为何我选了这双让我不舒服的鞋。

"隔天早上4点，被自己的潜意识叫起来，潜意识跟我说：'来，用祝福去命名。'

"清晨4点，我深呼吸一口气，决定重新看这张卡，心里浮现一个声音：'要生命不一样，从一点点改变开始。就像这张红花卡，黑白底的图片，只要有一双红色鞋就能有不一样，红色是行动和热情。'

"于是，我领悟了一些事。我想把平常对个案的爱也同等给家人，爱从身边开始。我改变了对女儿的态度，多了信任与赞美；隔天儿子要去看棒球，我主动在他的皮包里放了钱（平时不会这样做），还留言要他去买喜欢的东西、吃喜爱的食物。

"下课收到儿子传来信息，说妈妈怪怪的，还说妈妈上完课对他很大方，还说妈妈要多上这位老师的课。

"谢谢哈克有温度的陪伴。"

哎呀，我收到这个信息的时候，好开心好开心啊！原来，带着祝福的命名，可以在这样的一个凌晨 4 点钟，被潜意识唤醒的时刻，如此流畅地清洗内在，带来了一个丰沛的爱的新选择啊！

| 11 |

小
铁
匠
的
故
事

这一篇，是第二部分的最后一篇文章，很有趣的，要来邀请你玩一个小游戏"猜猜看，对答案"。在这本书前 1/3，3 万多字的阅读之后，我猜想，你已经体会到了、也知晓了不少关于"带着祝福的命名"的好，接下来这个小故事，想要邀请你，备注一下"哪一段话语，正好就是前面说的'带着祝福的命名'呢？"

然后，在这本书的最后，我会公布答案哦！不要急着往下看，先去拿一支喜欢的笔，或者喜欢颜色的便笺纸，准备好在手边，然后，开始行动吧。

年轻又踏实生活的小铁匠

那是一个夏天的星期四早晨，我骑着摩托车，带着耕种时折断的锄头，去村子里的铁匠铺，想为锄头换一根新的木头棍子。

年轻的小铁匠正坐在小凳子上，挥汗削刻着开山刀的木头刀鞘，看着我拿着折断的锄头，他熟练地接过去，没有说话，直接蹲到另一个小凳子上，滋滋吱吱地开始磨起了锄头的刀刃。

不知道为什么，在和土地接近的农村，很多没有必要的礼貌询问都可以直接省略。所以，年轻的铁匠并没有出现那句一般店家会有的礼貌性问话：

"换木头棍子就好了吗？需不需要磨利一点？"

因为啊，在土地上劳动每天都要使用的锄头，用到木棍都断了，当然刀刃已经很不利，非常需要好好地磨一番了。

离开表层的礼貌，直接行动

我深呼吸一口气，心里想着，哎呀！因为省略了表层礼貌和没有必要的询问，小铁匠这"充满活力地用行动直接响应"就像是按了一个直通键似的，没有阻碍地直达生活中最直接的需要了，这样没有阻碍，感觉好畅快。

眼前的年轻铁匠是个大约二十出头的大男生，厚实的身体配上很单纯的眼神，年纪虽然很轻，动作却十分熟练，一根长长的木棍在短短不到两分钟的时间里，刀起刀落，铁锤猛力扎实，撞击又撞击……撞击又撞击……撞击又撞击，木棍逐渐如量身定做一般地镶嵌进去，成为稳固联结锄头的一部分，那挥舞的壮硕手臂，搭配上极其专注的眼神，我看得入神，心里惊呼："这是一门技艺啊！"

我快速地看了一下这间已经有历史的小店，偷偷地猜想，是老铁匠传给自己的小儿子吧！"是什么？是什么让这个年轻的孩子，充满活力、又安安静静、充满力道地怀抱了这个如此传统的农村技艺？"我不禁在心里好奇了起来。

如果它是一部文学作品

　　年轻的铁匠师傅专注地挥汗着，左手握着新的木头棍子，右手像是打大鼓似的，有节奏、有停顿、有猛力、有稳定，击打那帮忙固定的立体三角铁片……当啷——当啷——当啷——我看到出神了，忽然想起蒋勋老师说的："如果它不是一件瓷器，而是一部文学作品……宋代的汝窑，造型上非常素朴非常简单，几乎没有任何华丽夸张的部分。"

　　于是，我模仿着蒋勋老师的心境，思索着也感受着："如果眼前的小铁匠，不只是一个挥汗劳动的人，而是一部文学作品，我们可以怎么读呢？"当我们练习着，将眼前的一个人"当成一部文学作品"来看待，便走到了一个美好的能量位置，更有机会给出那珍贵的"带着祝福的命名"。

　　小铁匠那猛力的挥动，需要多少时间的熟练，然后加上多少对自己、对时空的一份信赖。那单纯、专注的眼神，多么的朴质而素雅简单。是啊，真的像是一部文学作品啊，这个文学作品在辽阔的海岸里，存在于"当啷——当啷——当啷——"的节奏里。

　　想要找到一份"给出带着祝福的命名"，一时还没有灵感，一时半刻还找不到，没有关系，就在心里沉吟着、呢喃着、自问自答着："如果小铁匠是一部文学作品，那会是什么呢？"

很美的朴实

锄头，在将近一百次的扎实敲打后已经焕然一新，我开心地接过有着长长木头柄的锄头，开心地问："多少钱？"

"200。"

我心里震动了一下，这样需要经年累月才能拥有的技艺，怎么朴实到只收200呢？心里想着，不知道有没有什么方式可以支持和赞助年轻师傅的技艺，想着想着，我看见一旁架子上似乎有各式各样农村生活中用得到的刀子。

"师傅请问一下，采椰子要用哪一种刀？"

"这种，专门采椰子。"

"哦，那我要买一支。多少钱？"

"350。"

我开心地接过今天傍晚即将用来收成椰子的刀子，开心地付了钱，菜园旁边的椰子树今年看起来很丰润，一大串等着我去学习采收。

"等一下。"年轻的铁匠师傅把我手中的刀子拿了回去，走到楼梯间拿起红色的胶带，在刀子的木头柄手握的地方，缠绕了一层又一层的红色的胶布。

"这样才找得到。"递还刀子给我的时候，师傅简洁有力地这么说。

"什么意思？什么是'这样才找得到'？"

"采椰子的时候，刀子常常从高高的椰子树上掉下来，掉到草丛里，红红的，这样才找得到。"

哦——

真喜欢话语精简的年轻铁匠师傅说的话语："这样才找得到。"那是和土地好好联结之后，才有的朴实和精简。

我有时候会想，是不是人的心里终究有一个柔软的游乐场。如果我们带着善意和爱看着彼此，带着一份靠近的愿意走向那柔软的游乐场，你知道吗，一个呼吸或两个呼吸的距离，我们就可以抵达那里，然后，天堂的阶梯会不会悄悄地降临。

我尊敬的前辈许医师说："（我们）很难给生命增加时间，但可给时间增加生命。"

是啊，我要继续好好练习"给时间增加生命"。但愿能和小铁匠学习这份单纯、朴实、充满力量，说不定，时间，真的增加了生命呢！

3

第三部分

潜意识工作真是太好玩了

梦，常常带着一个爱的信息，那是一声呼唤，我们回来，让自己得以活得更完整的爱的信号。

12

拿着小刷子的考古学家——解梦的人

解梦、催眠、引导式想象，是潜意识工作的三大主题。接下来即将轮番上场！首先登场的是我的最爱，解梦。

解梦，是想念的老朋友，也是一想到就会兴奋微笑的新朋友。

21岁大三那年，我第一次听了宋文里老师的演讲"梦之可解与不可解"，当梦境透露了美妙信息的时刻，那带着悸动、带着抖动的探险感觉，是陪着我三十多年的老朋友。

而新朋友呢！每一回，不管是42岁，还是52岁，只要有机会现场解梦，那出现在梦里的海浪，总是特别有力量，那梦里的蒲公英，总是飘扬在天空，丝丝缕缕，那惊艳，像极了刚认识的精彩的新朋友。

梦，是潜意识工作极其珍贵的工作材料。梦，在夜里来了，是很久不见的老朋友，兴冲冲地想着要透露新的信息给这个季节的自己，所以啊，梦既是老朋友又是新朋友。

而陪伴解梦，很像那种"拿着软毛小刷子的考古学家"。怎么说呢？来看下面这个我做的很可爱的小怪梦，"锅子小小肉很多"的梦。

锅子小小肉很多的梦

51岁的秋天，清晨睡醒前，5点多的时候来了一个梦，梦境是这样的……

梦里我正在料理一块要烧烤的肉，肉很多，既有大大小小，又有碎碎边边的，可是锅子很小很小。梦里，我的小脑袋想着：本来烧烤啊，应该是很优雅夹起来，然后精致地翻面，滋——炙烤一下，然后优雅地夹过去给谁吃，烧烤应该是这样的。

可是，偏偏肉很多，然后锅子又很小，所以肉不是优雅地、平面地、好好地铺着，肉竟然都是站着的，就是肉虽然切开了，可是好像一大条立体地站着，因为只有这样站着挤在一起，汤汁才有办法把肉弄熟。可是，我知道这样烧肉一点都不好吃啊！这样就变成水煮肉了嘛。这样的烹饪不够精致啦！然后越煮越生气，然后就气哄哄地醒来了。

清早 6 点醒来，我直觉猜想这个梦可能是重要的提醒梦，于是在床上坐起，一边维持半梦半醒的意识和潜意识交界的珍贵状态，一边回想梦里的情绪元素。

梦里面的内容，包含人物、情节、东西和物品，都会有类似"伪装"的呈现。唯一不会伪装的，是情绪。梦里的情绪，直接反映现实人生正存在着的情绪。于是，我问自己：

"亲爱的自己，刚刚梦里，最强烈的情绪是什么?"（探寻问句一）

问了，就等着，安稳地、静静地等着，一个不大不小的深呼吸之后，信息来了！哦，情绪主要是生气，好像还有着急，很想好好烹饪，可是又不够精致，啊！是着急。因为肉太多了，没有办法精致地烧烤两片、三片美味的烤肉，着急了，不知道该怎么办。对，关键情绪是着急。

关键情绪找到了，一个大大的深呼吸从腹部完整地吸气吐气，上来，下去，这个深呼吸，是潜意识跟我说话，很像是在说："臭小子，不错哦。年轻人，不赖哦！"潜意识好像挺开心，这表示，这个情绪的聚焦点，很可能有机会拉着我的手往心里走去。好啊，坐在床上的我继续往下问：

"亲爱的自己，梦里来了着急这个情绪，在生命的这个阶段，会不会是什么着急了呢？生命里的什么，正好像是梦里的锅子，因为容量很小，来不及烹饪那么多，所以着急了?"（探寻问句二）

往里头走，同时聚焦在主轴情绪，也聚焦在锅子小小这里。问了，充满期待地等着，然后，忽然，感觉上来！

哎呀，我知道了！烹饪烤肉的梦，着急地把一堆肉放在一个小锅子里，都站着好像煮肉一样，这个梦境很直接地跟我说：

"现在的自己，过50岁了，年纪有了，力气小了，哈哈，就像小锅子真的小小的，所以，潜意识提醒我，时间要拿来做少少的菜，专心地做，专心地做少少的一片，两片，三片，这样才会美，这样才能在时间里呼吸。"

哎呀，原来是因为年纪有了力气小了，所以梦里出现小小的锅子啊！刚刚这段发现，似乎很自然地出现了很适合聚焦的下一个目标物，于是我眼睛亮亮地、好奇地再往里头探寻，这样问自己：

"在生命的这个阶段，什么东西太多了，那个多到来不及的食材，会是……"（探寻问句三）

问句一落，深呼吸，从心底缓缓上升，吐气时泪水跟着滑落，这个深呼吸连上潜意识慈爱的底层信息，我在滴落的泪水里真的接收到了。在这个刹那，这个梦想跟我说的话语，我几乎全懂了。

我懂了的是……做梦前的那段时间，从秋天到冬天，我正在努力创作一个挺大的计划，一个和他人合作的在线课程，这个课程我定了一个很大的标题叫"与人联结的七个秘密"。

"与人联结"这个主题已经是大题目了哦，而且还是"七个秘密"这么多！那么多的内容要放进去，实在是太多东西了。哈哈，原来梦里面肉太多是这个意思哦！

潜意识透过这个梦很间接但其实很直接地说：

"嘿！50岁了，有年纪了，锅子小小的，七个秘密太多了，就像一整条站着的肉一样太多，细致的烹饪，两三片，就足够了。"

哈哈，这边真的好传神哦，我的身体我的心听见了：力气小，锅子小，咱们烤三片肉就好了。

梦醒的那一天的早上 8 点，我鼓起勇气和力量，打电话给合作方，电话里我这样说："嘉玲，你知道吗！我做了一个很好的新的决定，我决定把这个在线课程改成'与人联结的三个秘密'。细致地、好好地来说三个秘密，一定更动人！"

梦，解开了。心也开阔流动了。与人联结的三个秘密，真的精致的现烤肉，美味上桌。

很热爱考古的考古学家

日常生活的小怪梦，像上面这个可爱的"锅子小小肉很多"的梦，如果有机会被陪伴，被解开，常常会带来意想不到的收获呢！

解梦，很有趣。同时，解梦最忌讳的就是着急要赶快解开梦到底透露了什么信息。当你越着急要去那里，你就越容易错过那些让你微笑的发现。如果要远离这种其实无用而且会坏事的着急，怎么做才最适合呢？

你有看过那种"很热爱考古的考古学家"手里拿着的那把软毛小刷子吗？

因为很热爱很期待，同时，也好安静。因为知道梦好珍贵，所以安静地，右手的大拇指和食指轻轻又稳稳地握住小刷子，还有那平常不常用的中指也似乎一起帮忙出一点点力，然后，轻轻地，慢慢地刷——

之所以要轻轻地，是因为梦很害羞，一不小心会躲回洞里。

之所以需要慢慢地，因为梦要传递的信息像是正在发酵的面团，正在成形呢。

于是啊，大拇指和食指，专心地、轻轻又稳稳地握住小刷子，轻轻地、慢慢地刷……而表情，不是严肃的哦，表情，是充满期待、充满好奇，很像小时候去动物园，好期待走进可爱动物区，可以摸摸软绵绵的小羊、小兔子的那种心情。

慢慢刷开旁边的土啊、沙啊，然后，任何的取得都不是把它拖出来、扯出来，而是慢慢刷刷刷，然后等待珍贵的它，落下。假设，正在挖的是一个古老的曾经戴在元朝妃子手上的黄金手镯，很热爱考古的考古学家一定不是看到那个手镯就很兴奋，然后把手指头伸进去，然后"啪——"把它拉出来，一定不是这样做的。

而是，先来一个深呼吸，轻轻地吐气，然后把黄金手镯下面的土，慢慢慢慢地松掉，再深呼吸，屏气凝神等待着，然后啊，在黄金手镯快要掉下来之前，下面先铺好要承接的东西，可能是一块软软的布，可能是晒干了松松脆脆的稻草。然后，在深呼吸之后的长长缓缓的吐气里，黄金手镯，轻轻地——滑——下来——

如果你愿意，邀请你在心里面想象，也跟着一起做刚刚这个刷刷土、松松土的动作，安静地，大拇指和食指，专心地、轻轻又稳稳地握住小刷子，轻轻地、慢慢地刷……而表情，表情真的挺关键，记得不是严肃的表情哦！是又期待又好奇，真的可以想象是小时候去动物园，正要走进可爱动物区，正要摸摸软绵绵的小羊和小兔子的那种心情哦。来——你可以真的就跟着我一起，做这个动作。

用左手模拟那个黄金手镯或是透明发光的玉佩，然后你的右手拿一个软毛刷子，轻轻地刷，哦，这边看一眼，这边看一眼，哦，这边的土比较湿哦，那这个土比较湿，靠近比较湿的土的这里的黄金手镯可能比较脆弱哦！好，那我等一下再来刷这里。

不要好像看到血，就很兴奋要冲过去，要把血吸进来，因为你不是吸血鬼，所以不要做这件事。如果"哇——"就冲过去碰撞，它一不小心就断掉了，梦就躲进洞里了。所以，这里，这里土比较干呢，可能这里的这个黄金手镯比较稳固完整清楚，好！那我从这边挖。

换一个角度，哦，这里，这里的土松松的，好像挺透气的。很好，轻轻巧巧地刷刷——刷开——哦，快要掉下来了，然后拿一条毛巾，或是棉花啊，铺在下面，然后稍微给它轻轻地震动，嗯嗯嗯……就，落下了。

于是，梦，就有机会被好好地又完整地迎接。于是，我们有机会在清晨的阳光中，迎接了内墙里面的自己。

13

弹跳的手指头——催眠是什么

催眠，是我二十几岁时开始着迷的潜意识核心技艺。那天，在朋友的小餐馆里，一位刚认识的新朋友问我说："哈克，催眠到底是什么？"

因为现场全部都是喝酒吃肉的朋友，没有任何一个学心理治疗的，于是正好，我来用日常的、更着地的语言来说：

"催眠啊，好的催眠就是治疗师自己负责熬出一锅很好很好的汤底。

"可能……用蔬菜、用牛骨慢慢地、细细地在时间里炖煮出很好的汤底，或者说创造出很好、很安静又安心的能量场。于是啊，来求助的人不管什么故事、什么挫折、什么忧愁，他都会很放心地把自己的故事放进这锅汤里，重新烹饪，然后，有机会重新尝到自己生命的新滋味，这，叫催眠。"

旁边一位建筑师朋友听了，忍不住开口说："哇，这个比喻好有味道哦。"哎呀，好的建筑师真的很会品味人世间的美感。而品味，品尝眼前的生命的美妙之处，停留、赞叹、喜爱，其实也是催眠的内功呢！

接下来，来说说催眠这锅有机会创造新滋味的"汤底"，细细熬煮时最开始的功夫：细致又立体的观察。

如果有机会，现场看我做潜意识工作示范，你会近距离看见"细致又立体的观察"是怎么一回事。在工作坊的现场，某位成员答应了我的邀请做示范的主角，然后有点害羞紧张地，和我一起在舒服的木头地板坐着。

通常，示范主角和我不会对坐，我们会呈 90 度角坐在彼此身旁。

可能因为坐在彼此身旁，现场示范的一开始，我常常注意到，眼前的主角挺高概率会有一个动作——把两只手交叠在肚脐上方附近，而我的眼睛我的心，常常特别观察着"被压在下面、里面的那一只手"。

如果左手是靠着肚脐那边的衣服，而右手在左手上面，像是护住左手似的，我就会一边专注地倾听，一边移动我的目光去看被压在下面的左手，那左手在视线中露出来的一点点的食指，有时候在抖动，或弹跳，有时候是大拇指不由自主地轻捏食指。

为什么？

为什么专心地观察这里呢？

因为啊，身体，是我们心中内在需求的外显目标物，而肚子（或者丹田附近），是人类或哺乳类动物最核心的情感需求落点。因为肚子是人最柔软的内在落点，当然会想要护住啊，因为主角眼前这个做潜意识工作示范的我，再怎么样都是别人，所以他会很自动化地用右手护住最靠近肚脐的左手。（当然，也有些朋友会反过来，是左手在外、右手在内。）

护住自己，很珍贵。因为柔软又丰富的内在，当然不可以潦草随便地被别人看见、摸到、感受到，所以，左手接触着肚皮，右手再多一层保护，于是，易感又柔嫩的内在，得以在探索的心启动的时刻，依然拥有一份安心与平和。

这就是为什么，我会特别专注地观察那只被盖住的左手，因为那里最靠近肚皮，于是，最靠近也联结着他的内在、他的心。

所以，这里是第一个可以学习的，关于选择看哪里，有兴趣探索潜意识资源的朋友，可以试试看，从观察手指头开始练习。有了选择的观察落点之后，就可以来练习第二个。

"手指头弹跳"

第二个可以学习的是："当他正说到什么的时候，手指动起来。"这很有意思，这下子，我们开始走进一个生命活跳跳的关联性里！潜意识工作的最基本从这里开始学，一定很精彩。

你可能会想问："哈克，他手指头动起来是什么意思？"

呵呵，我当然不知道。

什么意思，因为有时候连手指头的主人都不一定知道。也是因为不知道，所以这个关联性超级值得我们猜猜看，看看有没有机会真的懂了一大块全新的、原本未曾触摸过的疆域。

怎么观察呢？可以在心里头这样跟自己说："当他正说到什么的时候，手指头忽然动起来！"

这里，我们开始在观察里，对照"一个人的故事"和他的"潜意识身体信息"，于是找到那个挺有意思的关联性。

可能，做示范的主角说到他周末"打排球"的开心雀跃时，忽然左手食指动了一下，我看到了，然后，我就把这个观察存在心里。我平常记性很差，可是在做示范的时候，那五六十分钟，我会鼓励自己火力全开，期许自己尽可能地记起来。

对照他的故事与手指头信息

所以，可能现场示范进行到第10分钟的时候，主角说到打排球，食指动一下，我发现了，但我没有告诉他，因为这样会打断他。

接下来，讲到他满心期待着要去天文台看流星雨，食指又动一下，跟刚刚很像哦，这样的信息有两个了。

然后，在第20分钟的时候，他说到夜里弹尤克里里的时候，感觉到一份深蓝色像大海般的宁静与满足，左手食指又动一次。这下子，我收集三个信息了，于是可以大胆地猜测，或者说，很明显的，这个食指动一下的信息，似乎跟他生命的投入、喜欢或感动有关。

那么，你可能会想问："哈克，这个收集到的信息，怎么用呢？收集到这个潜意识身体信号，到底要用在哪里呢？"

问得真好，来说给你听！

潜意识工作有个地方挺特别，潜意识工作不强调陪伴的过程从头到尾都专心、努力、奋力倾听。为什么？因为，如果前面 30 分钟，整整 30 分钟你都真的专心、努力、奋力倾听，那会很累很累，而且，可能会累到后面的 25 分钟只能勉强撑着，或摆个样子假装很认真，但是其实早就希望早点结束这样的身心折磨。

这也就是为什么，潜意识工作很喜欢这样说："陪伴时，不要太紧，也不要太松。"或者说："陪伴一个人，时而专心，时而轻松自在。"或者说："松而不懈，紧而不僵。"这是古老的太极拳口诀。

所以啊，聪明的你看到这里，一定已经猜到了：那么，能量分配的关键就在于"哪个时间点要专心"。

"哈克，那要专心在哪个时间点呢？"

"是的，专心在左手食指动的那个时间点。"

所以，很多现场看过我做示范超过 5 场、10 场的朋友，几乎都看过下面这样一幕：可能第 35 分钟的时候，那时，光线和声量也和之前没有什么不一样，前一刻的我还轻松自在，像是聊天似的和示范的主角有说有笑的，好像一点都不费力似的，下一刻，忽然——

忽然，他刚讲完上班时平凡无奇的琐事，然后说到中午休息时间散步去买吐司，但是，这个时刻，他的左手食指——手指头忽然动起来。我，主角眼前的我，就会瞬间坐直身体，前倾，然后用柔和又好奇的眼睛看进示范主角的眼睛，开口说：

"刚刚，说到吐司的时候，你的心里，感受到什么？"

很多热爱学习心理治疗的朋友，常常会在观看我 60 分钟的示范之后，极其好奇地问："哈克，为什么？为什么那个时刻你会忽然停在这里问啊？"

这些朋友会这样问，是因为他们觉得，整个示范最神奇的就是这个时间点。那个时空，主角正在诉说看似平凡无奇的日常，为什么我会，瞬间，坐直身体，前倾，然后专注地问！然后，忽然在接下来，听到了一段非常动听的主角深藏内在的故事。

这段动听的关于吐司的内心戏，本来埋藏在日复一日的奔波往返里，没有机会被别人听见，甚至没有机会被自己听见，但是，很靠近很靠近丹田的左手食指，却没有保留地、清晰又明确地透露着："这里，这里有故事。"

"刚刚，说到吐司的时候，是不是有什么正在你的心里跑上来……"

"哈克，不知道为什么，你问我吐司的时候，我感觉一股热热的眼泪直接冲上来。"（这时，主角的眼睛已经瞬间泪水盈眶……）

此时陪伴着的我，微笑又安心地欢迎主角的眼泪涌现，主角的泪水一串串滑落，时而抿抿嘴唇，时而深呼吸，然后一分钟之后，一个长长的吐气来到，我知道主角准备好让自己的意识说话了……

　　"啊，哈克，我跟你说，我忽然懂了，我小时候是奶奶照顾长大的，奶奶有一个很可爱的吐司小烤盘，我每次闻到吐司那一点点焦香焦香的、热热的香味，就会觉得很安心……（这时，泪水没有停歇地滴在主角的衣领。）

　　"我想，奶奶的爱，在我生命这段风雨交加的日子，在这个时候这样来到，陪着我，让我可以孤单少一点……"

　　从这里开始，心，忽然被听懂了。从这里开始，那熬煮的汤底，有了原初的食材，得以烹饪。而潜意识工作的汤底，存在于整个陪伴的过程里，在观察里，也在专注与放松的交织里。

14

听心跳、找红点，如果大腿会叹气

上一篇，细细地说了左手食指动呀动的可爱模样，记得刚写好上一篇的文稿之后，传给几个好朋友看，很开心地收到不小的回响，其中，花莲的蒋老师第一时间就给了我下面精彩的响应：

　　"潜意识与意识的交会点，如白天与黑夜的交界处，会有一瞬之光。据说，看到那道光芒的人，就能看透一个人的内心……

　　"法国导演侯麦（Eric Rohmer）拍了一部电影《绿光》（Le rayon vert）就在描述这个概念：据说，在黄昏时的海边，在白天与黑夜的交界处，会有那么一瞬的光芒，能看到那道光芒的人就能看透一个人的心。

　　"原来，在黄昏时的海边，在白天与黑夜的交界，就是意识与潜意识的交界啊！而这微动的手指就是那一瞬之光。当被看见了，就能进入其潜意识的大海，而终于看透了一个人的内心。"

　　哎呀，原来，在遥远的法国，有一位导演和我一样如此着迷于意识和潜意识的交界呀！投入了二十几年的时光，让我学习到，潜意识传递的信息常常是一声微弱的呼喊，那既微弱却又是心底渴望的呼喊，有时候是因为社会规范和礼教束缚，因为这个"应该"那个"可是"，因而只好隐秘、幽微。

　　因为隐秘、幽微，所以，才会用"一瞬之光"来形容那乍现又消失的珍奇之宝吧！而微动的食指，正好因为接近丹田而接近底层的真实，所以，闪过那密密麻麻的黑暗掩盖，被我们既专心又放松的眼睛给发现了、看见了、找着了！于是，进入一颗心的路途，不再只是无可奈何的门外徘徊，而有了亮亮的入口。

能看到那道光芒的人，就能看透一个人的内心

听一个主角说他的故事，常常会在听故事的细节里听到"浊掉了"。

很多时候，眼前正说着话的主角，他会不由自主地"想着他要告诉你什么故事"才对、才精彩、才好听、才会被喜欢。这样思索过的，像是拟好稿子的故事，大部分会落在意识层面的逻辑主张和内容交代，这样的故事，拟好稿子、照稿子念的故事，会让陪伴者很容易听到迷路，听到原本热腾腾的心都凉掉了，甚至混浊掉了。

带工作坊的现场有一个重复上演的情节非常逗趣，就是有些时候，成员正在轮流分享，可能每个人 5 分钟的时间。有些人一开口，现场的其他成员会非常清醒而好奇，听的人和说的人好像在一起跳舞飞翔似的，活跳跳很美妙。可是，偶尔会有一两个成员，也才说不到一分半钟而已，现场十几个听着的成员，像是说好约好似的，纷纷站起来去上厕所、检查手机有没有错过什么信息、抓痒摸头、抠抠脚指头和肚脐眼。

如果你曾经参加过 3 场以上的工作坊，上面这个逗趣的画

面，你一定经历过。这常常就是上面说的"浊掉了、迷路了"的现象。因为说话的成员不自觉地说着拟好的稿子，没有说此时此刻真正想说的话语，于是，其他伙伴很容易就听到"迷路了"听到"混浊掉了"，迷路了所以意识混浊了，于是听不下去，忽然内在空间都不流畅了。

我的恩师吉利根博士持续地教导着一个很不寻常的概念，他强调：这个正在讲故事的个案之所以会被困住，就是因为他被困在正在说着的故事剧本里。所以，我从恩师那里，一次又一次地学习到：不要执着于听主角故事的细节脉络，而是要去听心跳。

听心跳的方法

听心跳！什么意思呢？

听心跳的意思是，深呼吸，让平静进到我的心里，感觉到内在的辽阔与安静，然后，像是闭上眼睛似的、专注地、用心地去感受说着话的那个声音（而不是内容细节），那个声音，是不是可能，好像有些什么正在到来……

去听！哪里，有温度，热热的；哪里，有底层的声音，好像正在深处浮上来，像海里深处的气泡似的"啵啵啵啵"浮上来。不执着听故事内容，而移动心力去听心跳，有 3 个可以聚焦的观察点：

1.手指头的弹动；

2.下巴和锁骨之间的皮肤颜色；

3.颤抖的声音。

第一篇，细细地说了手指头的信号，第二篇，来说颤抖的声音，而这一篇，来说皮肤颜色的变化。

皮肤颜色的变化，其实是全身都可以观察到的。只是，通常因为穿衣服，我们最容易看见的几个身体位置分别是：脸颊、耳垂、下巴到锁骨的脖子延伸到最靠近心口的位置。

如果主角穿 V 领的衣服，沿着脖子到锁骨附近，一直到 V 领三角形顶端的最靠近心脏的那里，在二十几年的潜意识工作中，是我会很专注观察的颜色落点。有时候，是脖子的筋络、血脉会"咚咚咚咚"地忽然弹跳抖动；有时候，是衣领上面一点点，特别是左边锁骨上面一两厘米的凹陷处，或是右边锁骨往上一点点那里，会在主角说到某一个细节时，"轰——"

"轰——"出现直径两厘米左右的红色圆印子，像乒乓球大小；有时候，不一定是正正的圆形，有时候是不规则状，像是大拇指的红色印泥按上去似的。"轰——"皮肤颜色出现红红的信息，有时候只有两秒一闪而过，真的很像一瞬之光；有时候，会持续存在 20 秒、30 秒之久。

"轰——"不是真的出现的外在声音，而是我的内心，会在看见皮肤颜色忽然变红的刹那，心中出现的自动配乐。也正好就是这一声"轰——"的刹那，在看见皮肤红点出现的那一刻，我会忽然聚精会神坐起身子，带着善意的爱，暖暖又好奇地问：

"刚刚，是不是有什么上来……刚刚，你的心里浮现什么？"

"你怎么知道？我刚刚，我刚刚……（深呼吸一大口气直直接触到了心底），我想到我奶奶跟我说：'不要怕，勇敢地向前走。'哈克，你怎么会知道我刚刚心里有浮现东西！"

其实，我不是知道。上善若水，最好的一份善意像是水一样柔软。

我不是知道，我是学习着款待生命。款待生命，它不是指这句话说得精不精准或到不到位，而是说这句话的时候，问出这个问句时，它的那个"汤底"，是怎么说出口的。

"汤底"指的是：问出这句问句"刚刚是不是有什么上来……"时，陪伴者的心，是不是比平常更安稳、更慈爱，更没有着急。

年轻的咨询师把这个过程形容得很美：

"那真的不只是语言，而是一种你抵达了他的内心。问着时，像有一股震波传进去，忽然感觉有一种被贴近的感觉，有点模糊了、不再需要分清楚自己是主角还是陪伴者，你是一个人，被关心了，就被触动了。

"如果用一个比喻来说，是一股很安静又流动的水，带有温度流过你的身体。暖流，流过去的时候，你心里面会很直觉感到眼泪就要掉下来了，心里出现一个声音说：'怎么可以这么的温暖、舒服，不用那么用力，就这样流进来'……"

于是，我们，可以带着舒服、有温度的暖流，不执着于听故事的细节，而是专心听心跳、找红点，因为注意到了脸颊、耳垂或是锁骨上方那里出现了潜意识的信号，像是正在跟我们说：

"这里，这里，我正在说的故事的这个小细节，这里面有东西，停在这里问问我，我就能有一个时间、一个空间，开口说话，于是，我的心跳可以被听见。"

身体正在说话，听见主角的潜意识正在透过身体和我们说话，这件事，是款待生命很珍贵的入口。同时，当我们学习款待生命时，特别关注的并不是这个问句说得精不精准、到不到位，而是当话语说出口的时候，陪伴者的心，是不是更安稳，更没有着急。

年轻的咨询师热腾腾地吸收学习，这样追问：

"哈克，我好奇啊，有时候这样的更安稳，也来自经验、生命的累积，那对于初学者，刚开始看到潜意识信号的时候，像是手指微微跳动或是锁骨上方的红色圆形印子，心里会好雀跃、好兴奋，像是看到流星、彗星，哇——我也看到了！好像有什么哦。那么，怎么做，初学者才可以有一种欢迎来到的心和亮亮的眼睛，同时，心却更安静、更安稳呢？如果有一个深呼吸、一句自我对话……可以是什么呀？"

哎呀，问得真好啊……我在菜园里一边收成春天香气喷鼻的野生红红小西红柿，一边摇头晃脑地想呀想！嗯，问得真好啊。半小时后，我坐在书写的窗口，看着窗外美丽的都兰山，这样回答：

"如果有一个深呼吸，如果有一句自我对话，那可以是：'……如果要迎接这个即将从心底浮上的信息，如果我可以款待眼前这个人，我的心可以准备什么来迎接呢？'

"感受一下，我的什么好东西可以到来，于是可以准备更好一点点，这样深呼吸式和自己说话，真心准备了，那么，和一颗心的碰触，自然就开始发生了。"

带着身体感的体会

潜意识工作和大部分聚焦在意识的心理咨询学派有挺大的差别，在于潜意识工作比较不偏重形而上的思索与脉络性的理解。不偏重这个，那偏重什么呢？潜意识工作特别关注"碰触"这件事，而碰触、接触、经验、感受，是需要学习和准备的。

和潜意识互动时，我们常常是带着一种"身体感"（felt

sense）的体会，去懂眼前的生命，像是：

"哦，有一种挂心，嗯，那份挂心，会不会存在身体的哪里呀？"

"梦里匆忙奔走、找不到火车票、哎呀糟糕来不及，这个强烈的梦的信息，如果从身体绷紧处开始触碰，可以有机会沿着深呼吸吐气的时刻走入内里吗？"

"那……忍了一整个冬天的心疼，在大哭的刹那，是不是也一起洗涤了自己……"

也因为这样，身体这回事，在潜意识工作者的生命中，就不会是小事，我们的身体，真的像是演出内在丰富世界的隐喻啊！

关于身体是隐喻这件事，有的心理学家会主张：当你的内在塞住了、堵住了、不顺畅，然后身体就容易便秘；或是，心里有烦恼、有难题、有让自己头痛的事，然后就容易头痛。

我的观点呢？关于身体是隐喻这件事，我觉得不只是上面学者们说的这样而已。我觉得：那些我们心里的种种美丽和忧愁，可能是生涯往前走的路上有了迷雾，可能是亲近关系里有想说的话，却找不到话语来说，这些情绪啊，这些底层的能量啊，似乎徘徊在身体的呼吸里、血管的扩张和紧缩里，然后，时间久了身体会开始怪怪的、兴奋的，或者会有一种……怪怪的说不清楚的感觉。

如果大腿会叹气

于是啊，来试试看这样想："如果你的大腿会叹气……"

我是说如果，不是说一定，如果，你的大腿会叹气，那你试试看，用右手轻轻地、柔柔地关心一下你的右大腿，在侧边那里，有点力道地又不着急地来回搓揉，然后，忽然来一个深呼吸，那呼气的尾巴那里，好像是叹了一口气似的……

如果大腿会说话，叹了一口气的大腿会跟我说什么呢？听听看！

可能是……"呵，怎么会一直找不到真正想要的呢？"

说不定是……"老天爷对我真好，今天的咖啡，真是香醇美味啊。"

可能是……"可不可以事情顺利一点点，一直这样不顺利实在是快要撑不住了。"

亲爱的朋友，你的大腿如果会叹气，那叹气时，正在跟你说什么呢？如果你的脚底会咯咯笑，咯咯笑的时候，会在说什么？

如果你的肚子会唱歌，那唱歌的肚子会在说什么？

还有啊，如果双手可以带着力量阻挡些什么，那手势会在说什么？

如果双手准备好了要邀请什么进来！要展开的手会在

说什么？

叹气的大腿呀，说不定有了第一次顺畅的、轻轻的叹气，第二次吸进更多空气，长长地叹气说："辛苦了……亲爱的自己，我们一起来加油！"

唱歌的肚子呢，肚子动来动去很像在跳肚皮舞，问了又问，唱歌的肚子说："做这件事情还是有好玩的地方呀！来看看哪里还有好玩的？不然干脆来创造一点其他快乐好了！"

听听看，很好玩哦。因为听见了，也看见了，于是听见了心底的心跳声，于是，越来越稳定地给出了潜意识工作的滋养又温润的"汤底"。

15

听见颤抖的声音

"听心跳"，是潜意识工作的美妙核心技艺之一。

前面很开心地说了听心跳的两个焦点，一个是左手食指动呀动的可爱模样，微动的手指就是那一瞬之光；另一个是眼光聚焦在下巴和锁骨之间的皮肤颜色，找红点。这一篇来说"听心跳"最核心的方法："听见那颤抖的声音"。

可能比同理心更深层

咨询理论学派里，有一个规模不大也不张扬的体验学派（experiential approach），它没有很大结构的咨询理论，但是面谈方式是我很着迷的，特别美妙的是，这个学派的咨询师和个案，两个人的椅子朝向同一边、同一个方向，而不是大部分咨询面谈偏好的、彼此坐着的方向是夹角90度到120度。

也就是说，如果个案眼睛看出去是一个窗格和窗外的一棵树，那么，咨询师也会看见一模一样的那个窗格和那棵树。椅子朝向同一方向的安排，像是两匹驾车的马并肩往前奔驰的模样，让咨询师自然不把心思放在一直努力去理解个案的思绪，而是，要去高度觉知地"去感受、去体会、去想象"个案到底"正在体验什么"。

我依稀记得年轻时，遇见一位体验学派的大师（印象中是学派创始人）来讲学，我正好被安排担任讲座的现场同传翻译的口译人员，那是超级挑战的翻译工作，同时，又真的好有意思！

潜意识工作和体验学派在概念上挺相似，没有那么强调一定要去听故事的细节，而是去听这个正在被诉说着的故事底下，有什么东西，是主角真正想说，或真正在意，甚至可能其实连他自己都不清楚的地方。

体验学派里的"两个同方向的椅子"本身，创造了一种能量高度聚焦的氛围，叫作"让我完整地去体会你的体验吧"。这样的做法，和同理心有什么差别呢？

同理心，是助人专业里很多人用心学习的主题。我们来看看同理心和上面说的"让我完整地去体会你的体验吧"有什么不同！

同理心，简单的定义是：同理心＝简述语义＋反映感觉。

带着同理心去倾听，我们去听主角诉说的故事里内容概念上的意义，把它做大概的简单描述，同时，去听故事里的情感，然后把听见的情绪感受表达给主角。这里，有大量的意识在专注运作，似乎重点在于理解和运用心思。

我有时候会描述自己是一个"爱体会"的人，而不是一个"饱读诗书"的学者。学习，偏知识；体会，偏感受。潜意识工作，我猜想，比较接近"带着感受的学习"，或者"学习靠近和体会生命"。

潜意识工作里的"体会"（experiencing）的意思是说，我们在心里面一直专注地问："这个孩子他到底现在正在经历什么？是不是这个孩子，好像正在经历一种黑暗，很渴望光线的来到，可是偏偏触摸不到那一丝丝的希望，他好盼望好盼望，可是又有一点点害怕，害怕光线来的时候，突然太亮了。"

刚刚这段描述，不是在简述语意，不是在表层的意识思考，不是在揣测这篇文章的大意是在说什么，不是去想到底ABCD四个选项哪一个才是对的答案。而是去靠近内在，用可以贴近的形容词去描述，去体会主角的心里，那仍在水面下的，又向往光亮的，正想要浮出水面的……而听见了声音的颤抖，正好是走进"体会"的这座山林隐秘又珍贵的登山口。

如果你有机会看我现场做主角示范的时候，主角说着故事，说着自己，说着开心，也说着挣扎，然后，你会忽然听到我对大家说：

"有没有，有没有听到刚刚那个颤抖的声音！"

在看似没有什么变化的故事诉说的流里，我会忽然听到眼前的主角出现颤抖的声音，它很像是立体的音响在我耳边播放，呼唤着我，要我全心全意地聆听、体会、感受、接收。

颤抖的声音

一个声音，它怎么会抖，抖就是有个东西想要出来，可是意识不太赞成它出来，或是不太确定它出来好不好，可是它又很想出来，所以它就会很像是波浪一样，像是声波的浪涌出……有点像是撞到了，涌动的海浪撞到岩石"啪——啪——啪——"

抖起来，颤抖，它很有意思，是什么让颤抖发生？

可能有一个担心、一个害怕，可是又偏偏好想讲，好想浮出水面，好盼望照到阳光，那一份担心和害怕，那一份不允许这个声音浮现的担心和害怕已经存在很久了。担心和害怕的防御系统是曾经的老大，主控这个心里的世界已经挺有经验了。而那"声波的涌浪"是新来乍到。

新来乍到，所以不熟悉，所以不习惯，所以通常一晃眼就又被压下去了。

可是，陪伴者的专注的一声："有没有，有没有听到刚刚那个颤抖的声音！"瞬间可以把握一瞬之光的刹那，跟上了，进入了这个登山口，像是水底的泡泡被打了光，忽然，深深的海底的黑暗有了亮亮蓝蓝清明的颜色，我们忽然，跟上了"心跳声"。

此时此刻，我们跟上的，是颤抖的声音里头，那个想被听见的内在，可能是力量，可能是小小的又贴着内心的需要。

还记得为什么我们要跟随（follow）"左手的食指"吗？因

为外显的右手挡住、护住（也就是刚刚说的：防守系统、曾经的老大），右手手掌压住左手，让它不要被看见，不要被听见。

而我们，带着虔诚的爱，暖暖的心意，去"跟"最后终于冒出来的小嫩芽、冒出来的一点点光线、一点点光点和气泡、一丝丝希望。

难，也是难在这里，我们知道要"跟"，但是"要怎么跟"？下一篇，"温柔的时间感"来完整地说。

16

温柔的时间感

上一篇说到，带着又诚挚又暖暖的心意，去"跟随"眼前的生命冒出来的一点点光线照亮的小嫩芽。我们去关注"左手的食指"透露的信号、去那锁骨上方心口旁边找"红点"，也闭着眼睛感受"颤抖的声音"往心里走，看看曾经的"老大"——那坚固的防守系统挡住的里头，带着心跳的声音，正等着被听见。

那，"要怎么跟？"

这一篇"温柔的时间感"来说如何跟随，走进深处。

不要告诉我，放在心里就好

春天的早晨，心里跳出一个让自己微笑的新名词："温柔的时间感"。

当眼前的生命正在说着自己的故事，忽然，一个隐秘幽微又带着心跳的信息出来了（可能是手指头忽然弹跳、可能是锁骨上方出现红色的圆点），这个时候，我们要怎么去跟随它、倾听它，给出一个可以呼吸、可以生长的空间，而不是让它忽然因为一下子照进来的光线太强而见光死？

来看看这段工作坊的示范现场，珍藏多年的对话。

"……我从小身体就瘦弱，没有办法进行剧烈的运动或竞赛，小朋友们玩那些奔跑的游戏，我常常只能在树下远远地看着。印象中，最开心的时光总是在那个星期三晚上才有的夜市，我没有强壮的双腿，但我有灵巧的左手和右手，回想起来，我……特别喜欢坐在那个小凳子上，专注地玩夜市的捞鱼……

"捞鱼的那个老板对我特别好，每次我玩完要走的时候，老板都会拿大勺子，多捞两条又漂亮又比较大的那种比较难捞起来的鱼（声音明显地开心又兴奋），然后……特别多送我几条鱼（特别这两个字的声音颤抖了起来）……哎……（声音抖的同时伴随急促的呼吸）……"

工作坊的现场，故事来到这个时刻，你会听到我对着示范主角说：

"好像有个东西正在冒出来（深呼吸……），我要你放在心里，不要告诉我。"

这个刹那，带着力量地说出这句话，像是把原本可能带来见光死的外界光线、外界眼光，直接调暗。主角因为被倾听而逐渐靠近了心底，感觉快要触摸到内墙里的自己。这个时刻，因为心底的东西忽然马上在明亮的空间被所有人看见，那是很危险的事呢，所以，我带着力量，把光线直接调暗。

会直接讲出上面这句话，是因为听到了颤抖着的声音，而颤抖的同时，眼泪正在往上走，而那即将被眼泪流淌的脸庞，那和声音同步颤抖的下嘴唇，我听见了，我听见那里面有一种脆弱。

于是，我把握着那珍贵的一瞬之光，直接讲出这句话"好像有个东西正在冒出来，我要你放在心里，不要告诉我。"想着，盼望着，祈求着，能不能在这关键的一秒，创造更安心又更安全的氛围。

在这个时刻，要怎么去辨别这个颤抖、这个眼泪带有一种脆弱呢？为什么需要护住、挡住，为什么防守系统曾经的"老大"，会把珍贵的心跳声压在里面，不让它出来？

常常，是因为那个脆弱，它一出来不一定可以被接住，不一定可以被喜爱，因此脆弱，因此容易受伤。我通常会在眉宇之间，眼泪刚刚出来的时候，看见那份脆弱，于是我就会说：

"好像……是不是……有什么正在浮现，不要告诉我，放在你的心底（语气坚定又接纳地说）。如果后来有适合的时候想说，再说。现在啊，完完整整地跟它在一起，跟自己在一起（语气变温柔又暖暖邀请的感觉）。"

这很像是在实验室，用一个培养皿正在培养一个刚要生长的小生命一样，你要把温度、湿度都照顾好，而不是把它放在大自然里让它自生自灭。培养皿，是暂时的，但是很重要，像是厚厚的一层柔软的草铺底，当颤抖的内在从心中抛出来的那一秒，将被这个柔软的草的铺底接住。

两个核心元素："辽阔"和"柔软"

温柔的时间感，可以怎么来？我们来看看这两个元素"辽阔"与"柔软"。

第一个，辽阔，它是一种宽阔的迎接。

我喜爱的诗人泰戈尔这样说："朋友！不要守住你内心的秘密。悄悄地告诉我吧……你，那么温和的微笑，轻柔的低语，我的心会听到，而不是我的耳朵。"

作为陪伴者，一部分的心，要颤抖的主角把心里的话语放在心底，不要在工作坊的现场说出来，是在承接与照顾主角的脆弱。而同时，另一部分的心，走到升起"辽阔"的天空，准备迎接着接下来可能的驰骋飞翔。

记得！准备着的、迎接着的，泰戈尔教我们的，不是用耳朵哦，是用整颗大大的、辽阔的心。

"捞鱼的小女孩啊，在长长的生命河流里，不知道，这个特别的给予如果有一条线的话，可以直接联结到她的心底，那会连到哪里呀？"

很神奇的是，即使没有说出口，这份辽阔、这份宽广的愿意聆听，却已经完整地在天地之间存在了，陪伴者的神情、呼吸的声音，都会让这个"温柔的时间感"的存在，被主角接收到心里。于是，常常在下一个深呼吸之后，我们听到颤抖的线头正在牵引我们靠近：

"哈克，我刚刚讲到那个夜市捞鱼的老板，忽然好触动，我想到我从小是和妈妈一起住，我常常羡慕同学有爸爸送他们上学……（这时候来了一个深呼吸，然后泪水滑落）然后……那个……夜市捞鱼的老板，对我很好，对我特别好。这好像是我记忆中，第一个像父亲一样的爱的源头……哎呀……怎么会这样，只是捞鱼啊！"

是啊，只是一个捞鱼的勺子啊，小小的勺子怎么会捞起了暖暖又宽广丰盛的爱呢。

温柔的时间感，第二个元素叫作"柔软"。

柔软，是一种安心着地的承接。柔软，像培养皿似的，是光滑、安全稳固的玻璃里垫上柔软的底部，于是，让一个脆弱的、易受伤的、新的、浮现的生命可以有生长的地方。

泰戈尔说得很带劲："向日葵因承认那无名之花是她的亲戚而羞愧。太阳上升时却对无名之花含笑地说：'我的爱人，你好不好？'"

这一份柔软，里头有一种很特别的看重。这份看重，很像是

"即使外面的世界没有觉得这个有什么了不起、有什么重要"，我们都深呼吸一口气准备着要来迎接它的到来。

"是啊，只是捞鱼啊，只是一个平凡的星期三晚上的夜市啊……那里，细细又悠远的，好像有一条线，拉着，牵着，或是握着你小小的、柔柔的，爱的双手……"看着眼前的脆弱又带着力量的孩子，我这样说。

"对，哈克你怎么知道！我的心里真的好像从这里看见一条长长的爱的线条呢。我到现在眼睛闭起来，都还可以清楚地记得，那两条多出来的漂亮的鱼，那特别多出来的，特别的爱，哈哈，我好喜欢自己这个故事哦，我回去要把这个小故事写下来。"

这部爱的纪录片，在跟随心跳的陪伴时光里，其实，已经在心底拍摄下来了。好多年好多年之后，电子信箱里竟然来了这样一封温暖的信：

"亲爱的哈克，我猜想你说不定已经忘记我了，我是好多年前的那个喜欢在夜市捞鱼的小女孩……

"那时候我好像忘了告诉你，不知道是不是老天爷安排得凑巧，我小时候捞鱼，夜市那个卖录音带和 CD 的摊子放的流行歌曲，正好是：

特别的爱　给特别的你

我的寂寞　逃不过你的眼睛……

"我有时候会想，是不是夜市老板那时那份特别的爱，让我有了勇气，敢去相信：我是一个值得被爱的生命。

"我这几年在新加坡的广告公司工作，主要是做广告文案的书写，很忙也很喜欢自己的生活。真心祝福你，平安健康。"

多年之后，整理这本书稿的 53 岁的我，重读一次这个故事，依然热泪盈眶，触动于那美好的陪伴时光。

不知道捞鱼的小女孩知不知道，这么多年来，这首歌也常常萦绕在我的心头："特别的爱，给特别的你。我的寂寞，逃不过你的眼睛。"

|17|

抵达和柔软——引导式想象

来说说潜意识工作里，引导式想象的"抵达"和"柔软"。

秋风里，好学的咨询师开着车，长途跋涉来找我提问：

"哈克，引导式想象，跟一般的谈话有没有差别呢？引导式想象，是怎么样，是能让情感和思绪可以有空间并带来流动吗？"

我一边摸着窝在脚边的狗狗，一边慢慢地说：

"引导式想象，表面上看起来，和日常生活的说话其实没有太大的差别。同时，内里来讲，语法结构和说出口的音色、语调、呼吸，有挺大的差别。

"那天，有机会人生第一次聆听意大利歌剧《波希米亚人》，那音色，哎呀，那音色……

"我当然听不懂意大利文，但是，那音色，瞬间逼出了我满腔的眼泪。

"为什么？

"为什么明明就听不懂意大利文，可是，情感的流动、真心的感受，忽然就在那饱满的音色里，没有阻碍地走进了我的心里，或者说，我的心，忽然没有阻碍地抵达了那里，我的心，瞬间就被暖化又软化。引导式想象，如果做得又好又自然，就会很像穿透的音色那样，直抵人心。"

来多说明一点。引导式想象和一般的谈话最明显的差别其实是：一般的谈话，因为是"我和你的礼貌性地来来回回"，人家有来，然后我需要有回。于是，我们进入一种比较像是"符合社会礼貌规则的习惯性说话反应"。

我们一旦处在这样"觉得要有礼貌",认知到"需要有不出差错的反应"时,那些内在真心的、在里头的、等着冒出来、浮出来、跑出来透气的,那些心底的好东西,那些在原本以为的自己生命疆界之外的美好可能(也可能是墙内美丽的自己),就按兵不动了。而这些,这些等着冒出来、浮出来、跑出来透气的,正好就是潜意识工作最期盼的呀!

还有啊,之所以选择引导式想象,最内里的目标常常是碰触内墙里面的自己,那是意识之外的土地,同时,也是自己的土地,只是因为太匆忙、太填满,人们在一般的生活工作的时间里,不容易碰触、感觉到。

所以,引导式想象常常在一段带着主题的描述之后,会有这么一段不短的循环描述手稿:

"不知道在这个时刻,这样的内在空间里,闭上双眼的你,接收到了什么……可能是以前没有感受到的,可能是和周围环境的关系,也可能是和自己的对话,可能是一个信号,有没有在微笑里收到心中以前没有出现过,而此时此刻正在来到的……"

这样的引导式想象手稿,看似简单,但是,如果拥有安静的心和安稳的声音,念呀念,主角的心在某一个时刻感觉安心,感觉安顿了,内墙里面的珍贵的自己,那些以前不知道的但是其实是自己的东西,就终于有机会拿回手里、心里、手心里。

当生长"已经开始"

靠近中午了，阳光洒落，看着眼前用心学习的咨询师，我继续这样说：

"你刚刚说你在开车来的路上，听着我的'与人联结的三个秘密'引导式想象音频，你就觉得你'已经开始'了。这句话很关键哦，因为我们盼望听到的就是这种反应，叫作，我'已经开始'了。

"已经开始什么？已经开始正在接收以前没有碰触到的，可能是身体传递给自己的一个信号，可能是收到心中一份带着微笑的发现。

"觉知心理学的大师康菲尔德常常使用'抵达'（arrive）这个字。抵达了，来到了，开始了。很有趣的是，不是要去抵达哪个目的地，不是终于要去到远方和梦想，而是，要来到此时此刻。

"当我们说：'有一种感觉，好像是……已经开始了。'那里，有一种，本来被掩盖的部分，开始生长了；已经抵达了自己的心田，接触到了。

"碰触到了自己的心田，是啊，那其实才是我们要抵达的地方吧。不是要去达成什么目标或是完成一个计划，才叫作成功；不是美式心理学早期坚持追求的'设定目标，然后拟定计划，进入行动模式，然后赶紧完成'。

"碰触心田，抵达此时的真实，和成功不一定有关，只是和喜悦似乎很有关联。就像是你刚刚说：'我开车来的路上听着引导式想象，就已经开始了。'那个开始的感觉，感觉到内在空间的流动，情感忽然之间好像就柔软了下来。

"你会觉得，时间柔软了，

"觉得外面的世界，都变得更好看了，

"怎么，色彩忽然这么美，

"怎么，声音这么好听……"

带着艺术感的心理学家

这些变化，很多人都是在冥想之后会有的一个惊喜。只是，冥想的难度比较高，要能跨过冥想"相对单调的仪式和时间持续长度"真的不容易，需要依靠更多的内在力量。而潜意识工作中的引导式想象，其实就是介于"一般的谈话"跟"冥想"之间的，一个带着艺术性的心理活动。

其实，潜意识工作者很像是带着一种艺术感的心理学家，用锦敦的话来讲叫作"在感觉里思索"，或者说"一边思索，一边感觉"。

年轻的咨询师似乎想到了什么，歪着头，5秒后开口问：

"哈克，音乐呢？引导式想象常常搭配钢琴或吉他的轻音乐，是不是音乐也为柔软的一颗心带来一些帮忙呢？"

"哈哈，对！音乐真的是一个很棒很棒的存在！引导式想象啊，因为有音乐陪衬，也因为离开了一个礼貌性的、规则性的对话，于是，人不需要在框框里响应，因而，有机会能够一边自由地思索，一边有流动的感觉。

"同时，带领引导式想象时，带领人或写手稿的人，好像正在铺排一个世界，表面上没有互动，可是正在铺排一个世界让你可以走进去，带领人铺排的其实只是一个世界的入口，一旦走进去了，你就走进自己的森林了，看见自己的大海了，忽然之间感受到阳光了，内在柔软又流动了。"

调制很好喝的红茶拿铁

用个隐喻来形容引导式想象，引导式想象里头的机制其实很好玩，很像是……我们正在现场调制一杯很好喝的红茶拿铁。

水是我提供的，热水啊，我帮你煮好，温度用心地照顾好。

只是，茶叶是你的。而牛奶，是你找来的。

所以，我不能清清楚楚又完完整整地告诉你，你的茶叶是哪一种，是锡兰还是阿萨姆，我没有能力告诉你，你的茶叶是当季现采红乌龙还是陈年普洱；同时，我其实也不清楚，你找来的牛奶是农场鲜奶还是超市奶。

但是，我会很专心地把那壶水煮好。

陪着你，顺畅得像是自然而然的，泡出好喝的红茶拿铁。

这，就是抵达柔软的引导式想象。

抵达，柔软，是潜意识工作的心法，那引导式想象的技法呢？文字编排如何呈现呢？下一篇，闭上眼睛之后的美妙世界，有一个新鲜出炉的引导式想象手稿，来体会学习引导式想象的各个面向！

| 18 |

闭上眼睛之后的美妙世界

清晨读书，读到了蒋勋老师这样说建筑工艺之美：

"最难忘记的动人建筑，最美的部分，往往不只是外在可以看到的形式，而常常是一层一层形式包容住的那一个虚拟的内在空间。好像达·芬奇说的，一个好的教堂，应该使人感觉到是进入了人的内心世界。"

上述文字的两组关键词，"动人""最美"，正好也是潜意识工作，在闭上眼睛之后，能否进入内心世界的关键按钮。

读书，摇头晃脑地欣赏一本书，可能是读一行禅师的话语，可能是阅读蒋勋老师的文字，通常主要先是意识部分的接收，同时，如果读着读着，忽然感动一阵袭来，这时候，其实瞬间已经走到了意识和潜意识的交界之处了。

而引导式想象，是用心编排又精心设计好的一份神秘配方，让这个交界之处的美妙时光，那期盼已久的动人和最美，能够加强又加速地提早到来。

或者说，一行禅师的话语像针，戳破了意识的某个表层、框框。而引导式想象里，柔软又开阔的文字和声音，像是针头后的长长的棉线，柔柔地绵延到心里，织成美丽的图腾。不知道为什么，我真的深深相信，每个人的心底，都有美丽动人的图腾。

图腾，像标记、像记号，是有生命的。人之所以会表面看起来似乎有丑陋的模样，常常是因为害怕。如果不需要害怕了，如果慌张被迎接了，美丽动人的图腾就开始有了被触摸的可能。

引导式想象带着美和感觉的文字，加上柔软蓬松的声音和语法让人的慌张和害怕有足够的空间撤退，于是，温柔有了传递到心底的桥。

潜意识工作里的引导式想象，典型的流程有三步骤：

步骤一：闭上眼睛……

步骤二：这里说说，那里说说，然后顺手松开绷紧的心弦；

步骤三：真的说点有料的，来触发一段探索或内在整理。

三个步骤怎么理解呢！

直接来，读读下面这个 2022 年出炉的哈克引导式想象手稿。

《来，脱下那件已经陈旧的毛衣》手稿

（读着下面这段文字的朋友可以想象哈克的声音，也可以想象你希望念给你听的人的声音。）

接下来，大约有 20 分钟的时间，我会带领着一段内在旅程，像是启程，像是抵达，像是出发，也像是安静的休息。

邀请你闭上眼睛，我们的内在很可爱，睁开眼睛时比较习惯认真忙碌，而闭上眼睛之后，很好玩哦，好多美妙的画面说不定会来到，有一些忘了的但是挺珍贵的声音会浮现，像气泡一样，"啵啵——啵啵——"浮上来。

对，安心地，又微笑着，闭上了眼睛。

对，深呼吸在这个时候常常自然来到。随着深呼吸的吐气，对，往心里走去。蒋勋老师说："大部分时候，美是心灵上的感受，'忙'是心灵的死亡，生活一忙，心灵粗糙了，也就难以承受美。"

"忙"这个字，正好是左边一个"心"字，右边一个死亡的"亡"。意思好像是，人一忙，心就没有了，不见了。那，怎么样才可以不忙呢？

来，忽略什么，于是可以在意什么。（这一句慢慢念，然后给出5秒空白。）

有一些曾经，如果可以放下曾经的扛着的担子，勇敢又轻盈地向前走，这，哎呀，好像说起来容易，做起来真不容易啊……

长长的生命的河流里，如果能够勇敢又贴近自己的心跳，那该有多好呢？如果能够又有力量又有弹性，而且不盲目、不冲动，是一股稳定的持续的力量，是不是一想起来就知道，是好靠近心底又值得感受一下的自己啊……

来，忽略点什么，于是可以专心在意什么。（这一句多加入一点力量。）

生命的季节是会移动的，上一个季节已经到了尾声，而新的季节，已经在眼前来到，于是，我决定脱下那件已经陈旧的衣裳，为的是盼望着后来可以腾出双手，于是有了时间为了新的出发，缝制一件新的亮丽的衣裳，或者一件帅气又可爱的新背心。

来，忽略什么，于是可以在意什么。（这一句念的时候像是歪着头思索着。）

不知道你的生命来到这个季节，想要忽略什么，在意什么，或者，脱掉哪一件陈旧的毛衣呢？

我自己 30 岁的时候"忽略辛苦，在意真的学会心理治疗的功夫"。而 50 岁的我正学习"放下这个，放下那个，真心在意于天地之间付出甜美的爱"。

我着迷的心理治疗主要有两种。一是不把"伤"推走，让慈悲的爱像阳光一样流进来，爱和伤终于可以一起；二是像呼喊出龙的真名，因为一个渴求、一个挣扎的名字被呼唤出来了，因为给出了带着祝福的命名，所以生命得以安顿着地。

这样的着迷，需要丰沛的能量和暖暖的内在，而丰沛流动的好状态，正好需要把曾经非常需要的但其实现在已经尚好的部分，放下，或者从生命的正中央移动到可爱的小角落。

于是啊，这个季节，我听到了心里一个不太大声但又挺确定的声音："嘿！亲爱的自己，当上个季节勤劳储存的资源和力气已经不少，或者，连岁月累积的迟疑也已经足够，说不定啊，我们可以脱下那件其实已经斑驳的、没有安全感的毛衣了，好吗？"

我有一件陈旧的毛衣，叫作"没有安全感"。那是童年的曲折困境，伴随我长长的成长轨迹，我其实一直都不知道拿这件毛衣怎么办……于是，孤单来的时候，排山倒海，于是，需要温暖的时候，心口和肚子都冷得发抖。(配乐在这里进来……)

　　这件陈旧的毛衣，一晃眼也已经穿在身上 30 年了，于是，在那个大雨滂沱的清晨，我决定，不再去想"为什么我会那么没有安全感了"这个问了自己上千次的无效问句。心里深呼吸决定，脱下吧。脱下这件其实已经陈旧的毛衣，是时候了，咱们来长点新的，盼望点新的。盼望什么呢？来，先把那个无效问句置换成新的问句好了，来这样问：

　　"有谁，他的生命因为与我相遇而变得更好、变得更自由？"
　　"这个时刻，这个时间，有因为我的碰触而变得更美好吗？"
　　"生命中曾经有谁，因为他的陪伴和存在，而让我变得更自由、更喜欢我自己？……生命中有谁，因为我的陪伴，而变得更喜欢自己？"

　　就这样，问了自己新的又很立体的问句，于是，每问一次，很像是又一次地脱下那件陈旧的毛衣。
　　我在土地上干农活，很喜欢流汗之后脱下衣服，舒服地洗澡，然后穿上清爽干净的、刚晒过的衣服。夏天热的时候，有时候一天会有三四次，这样脱下衣服，换上新的、干净的衣服。

我想，如果每一次脱下衣服，穿上刚洗好的干净的衣服，都可以是一个新的开始，那么，后悔、遗憾、失落，是不是都可以随着脱下的那件衣服，而刚刚好地安顿在属于它的过去……

亲爱的朋友，如果有一件陈旧的衣服，等着你脱下，换下，或者，一鞠躬谢谢这件陈旧的毛衣，那会是什么呢？（配乐在这里增强……）

说不定，在心里，在音乐的旋律里，你看见了这件衣裳，什么颜色的呢？剪裁是什么形状，摸起来的质料是麻、棉、毛还是尼龙呢……让自己完完整整地感觉这件陪着你很多很多年的衣裳……

这件陈旧的衣裳如果有一个名字，是不是时候到来了，可以听听看，这件等着你脱下的衣服，它的名字叫作_____。

因为新的季节的来到，可以脱下的，会不会是_____、无法安心休息的、总是觉得不够的还要更努力的自己？

也说不定，有可能是_____、容易害怕不安的、容易紧张担心的自己？

闭上眼睛的流动的内在，也说不定感觉到，有可能是_____、不允许自己完全放松的自己，或是，_____、容易着急，害怕太慢、害怕来不及的自己……

还有啊，有些人会发现，我说不定可以试试看，就只是一个念头，先试试看，要不要脱下那件"很容易生气的"衣裳；嗯，说不定，也可以考虑，脱下那件"一生气就想把身边的人推开"的衣服。

身上会穿上这件衣服，通常都是因为当时很需要，特别是因为那时候很需要保护自己，保护自己那丰盛又柔软的内在宝藏，于是，不由自主地穿起了这件其实不一定属于自己的衣裳，那是那个季节的无奈和委屈堆积起来的尘土飞扬。我们，鞠躬谢谢那时的保护，真心谢谢，然后，深呼吸。在吸气的尾端，脱下这件陈旧的衣裳，在吐气的时刻，微笑送行……哦，好像没有脱干净，好啊，这很正常，来，深呼吸，再来一次！

美丽的事情，不怕再来一次。

深呼吸，在吸气的尾端，在心里的画面里，真的动起来，脱下那件陈旧的衣裳，然后，再长长地吐气，微笑上来，庆贺，送行……

黑塞说："我的心中不禁升起一股向往，犹如罗盘上抖动的指针，指向遥远的前方。"

蒋勋老师说："月桂的香很淡，像一个夏天黄昏最后流连不去的光，若有若无。……月桂叶会被蒜片及洋葱的辛烈冲鼻的气味掩盖吗？好像不会。……它们很笃定自己的存在，气味这么淡……停在一切浓烈的气味之上，悠长而持续，好像许多激昂的旋律底下那连续不断的大提琴沉稳的低音。"

于是啊，最后终于，我们好用心、好细致，也好努力地，为自己空出了大大的空间，来放置"像是罗盘上抖动的指针，指向的那个新的向往"，或者，在一次又一次的未来的深呼吸里找寻那"像月桂的香味一样，淡淡又笃定的存在"。

手稿细节拆解

上一篇说到，引导式想象，是用心编排、精心设计好的一份神秘配方，为的是顺畅地也早一点抵达意识和潜意识的交界，于是读懂了生命原有的美丽图腾。这一篇，来细致地拆解上一篇的手稿。分成五个段落细细拆解，五个段落分别是：起、碰、深触、拿、望。

段落一：起

接下来，大约有 20 分钟的时间，我会带领一段内在的旅程，像是启程，像是抵达，像是出发，也像是安静的休息。邀请你闭上眼睛，我们的内在很可爱，睁开眼睛时比较习惯会认真忙碌，而闭上眼睛之后，很好玩哦，好多美妙的画面说不定会来到，有一些忘了的但是挺珍贵的声音会浮现，像气泡一样，啵啵——

啵啵——浮上来。对，安心地又微笑着闭上了眼睛。对，深呼吸在这个时候常常自然来到。随着深呼吸的吐气，对，往心里走去。

引导式想象的"起"，主要是要让听者安心地闭上眼睛，走进内心世界。这样能往内走的安心感，是怎么来到的呢？

第一个：时间清晰，"接下来有20分钟的时间"，清楚地说可以带来意识的放心，于是愿意给出大大的空间。

第二个：在语言中注入暖暖的期待，"可爱、好玩、珍贵、自然来到……"

第三个：对于可能发生的种种给出立体的形容，"像气泡似的啵啵——啵啵——"

这样的安排，可能带来什么样的内在状态呢？借用一下年轻的咨询师的形容："……是一种我被充分准备好的状态，带着柔柔的自己开始去体会……真的心中充满期待，像是可以掀开那幕布，可以看看后面的好东西，同时也有心安，非常滑溜地走进去。"

说明白，暖暖柔柔地说，是"意识层面的教育"和"引导式想象"很大的差异点。意识层面的教育传达，重点在于把概念说明白，把逻辑原委讲清楚；而引导式想象的暖暖柔柔地说，是为了承接辛苦、为了拥抱挣扎、为了滋养照顾。所以，一样是讲图腾，说明白是把图腾的线条说清楚、交代完整，而引导式想象如果说到了一个人心底的原始图腾，为的是让这个美丽的印记，在温柔里、在暖意里，被轻轻地用手捧着、抚摸。

年轻的咨询师这样说："很喜欢闭上眼睛那一段的好玩，像气泡般啵啵——像是可以听到那个声音，下一段马上转入'忙＝心亡'，上一段轻松有趣，下一段就带着我们下潜了……"

"气泡"这里真的很有意思！声音隐喻的使用，在引导式想象里极其关键，很像是喝冰红茶时的"那个吸管"。尤其在团体带领的氛围里，因为光线调暗了，大家舒服地躺着或倚靠着，所有的感官中最完整打开的感官正好就是听觉。所以，这个时候，气泡"啵啵——啵啵——"特别是短音的、有节拍的音节，会带来很顺畅的像是进行曲般的"内在推动力"！

再来说一点闭上眼睛之后，意识下潜的手稿设计。年轻的孩子读了上面这段手稿后轻轻巧巧地这样说："哈克，你手稿里的'像是启程，像是抵达，像是出发，也像是安静的休息'这段话好迷人啊，怎么看似冲突却一点也不违和呢！"

我听了很喜悦，这样说：

"哎呀，你欣赏到了这个手稿里很关键的地方呢！我觉得潜意识工作很迷人的地方，其中一个就是：'表面看似冲突，但是底子里却一点都不违和。'

"之所以会这样，那是因为，在语言的意识层面，可能会觉得这些语词彼此冲突，可是，在心的底层，也就是在靠近美丽图腾的潜意识层面，这些语词，包括：启程、抵达、出发、安静的休息，全部都是人的内心真正需要的、想要的。我们在生命的某些阶段，总是会想要启程，或者，好需要安静的休息，或者，期盼着要出发，想真的抵达哪里，因为都是好想要的，所以，就不违和了呀！"

年轻的孩子思绪清晰、感觉透明，接了下面这句让我赞叹的结语："也许启程的时候已经是抵达。"

段落二：碰

蒋勋老师说："大部分时候，美是心灵上的感受，'忙'是心灵的死亡，生活一忙，心灵粗糙了，也就难以承受美。'忙'这个字，正好是左边一个'心'字，右边一个死亡的'亡'。意思好像是，人一忙，心就没有了、不见了。"那怎么样可以不忙呢？来，忽略什么，于是可以在意什么。有一些曾经或如果可以放下曾经的扛着的担子，勇敢又轻盈地向前走，这好像说起来容易，做起来真不容易啊⋯⋯

来，忽略点什么，于是可以专心在意什么。生命的季节是会移动的，上一个季节已经到了尾声，而新的季节，已经在眼前来到，于是，我决定脱下哪件已经陈旧的衣裳？为的是盼望着后来可以腾出双手，有时间为了新的出发缝制一件新的亮丽的衣裳，或者一件帅气又可爱的新背心。来，忽略什么，于是可以在意什么。

段落二，"碰"。碰触这里，摸索、探路那里，从外面表层开始往里面碰碰看、摸摸看，试图寻找听者内在图腾的缕缕丝线。

年轻的咨询师这样看段落二："我喜欢手稿里，不断回荡着'来，忽略什么，于是可以在意什么'……有点像'针'，或者一个'引线头'，一次次好像都更往下走一些。然后再来到脱下陈旧的毛衣的内容。"

哈哈，真好真好。这里啊，我自己也很喜欢。这里的不断盘旋、回荡着同一个心念（忽略……在意……），在技法上、功能上，因为不止两次的重复来到，会带来一种像下面这样的很直接的安心感：

"哦，我知道这个！我刚刚听过一次了（两次了）。"

"哦，好啊，那我再来想想……嗯（深呼吸），来让自己再感觉一次看看。"

同时，在语言文字重复来到的时候，因为每一回又往深处走一点点，于是有机会为听者，带来一种"这个真的不困难，同时，怎么好像开始感觉有一个深度正在靠近，正在来到呢！"的经验。

这个技法，是潜意识工作的美妙核心技能"盘旋的翅膀"。

"盘旋的翅膀"是潜意识工作的基本功，像是老鹰在天空盘旋时，有一种固定的旋律，有一个可以预测的盘旋模式，同时，因着气流的温度和强度，老鹰的翅膀会微调、摆动、感觉，于是有了新的转弯方向。

盘旋，如果给出一个具体的描述，那会是："我们创造一份固定的规律，于是，风可以安心自由地流动。"这里的规律，不是僵化固定的流程，而是一种"回荡的唤醒引线"。听者的身体、听者的潜意识在这样的盘旋氛围之中，会忽然叫出一个声音：

"啊……我知道，好像有一种感觉，现在，此时此刻，我出场的时候到了。"

你知道吗？因为潜意识感觉到自己终于即将出场了，于是，段落三的"往深处碰触"，才有机会来到。

段落三：深触

我自己30岁的时候"忽略辛苦，在意真的学会心理治疗的功夫"。而50岁的我正学习……"真心在意于天地之间付出甜美的爱"。我着迷的心理治疗主要有两种。一是不把"伤"推走，让慈悲的爱像阳光一样流进来，爱和伤终于可以一起。二是像呼喊出龙的真名……这样的着迷，需要丰沛的能量和暖暖的内在，而丰沛流动的好状态，正好需要把曾经好需要的但其实现在尚好的东西，放下，或者，从生命的正中央移动到可爱的小角落。于是啊，这个季节，我听到了心里一个不太大声但又挺确定的声音："嘿！亲爱的自己，当上个季节勤劳储存的资源和力气已经足够，或者，连岁月累积的迟疑也已经足够，说不定啊，我们可以脱下那件其实已经斑驳的、没有安全感的毛衣了，好吗？"我有一件陈旧的毛衣，叫作"没有安全感"。那是童年的曲折困境……

陈旧的毛衣，一晃眼也已经穿在身上30年了，于是，在那个大雨滂沱的清晨，我……心里深呼吸决定，脱下吧。脱下这件其实已经陈旧的毛衣，是时候了，咱们来长点新的，盼望点新的。……"生命中有谁，因为我的陪伴，而变得更自由？……生命中曾经有谁，因为他的陪伴和存在，让我变得更自由、更喜欢我自己？"问了自己新的又很立体的问句，于是，每问一次，就像是又一次地脱下那件陈旧的毛衣……

亲爱的朋友，如果有一件陈旧的衣服等着你脱下，换下……那，会是什么呢？（配乐在这里增强……）说不定，在心里，在音乐的旋律里，你看见了这件衣裳，什么颜色的呢？剪裁是什么形状，摸起来的质料是麻、棉、毛、尼龙……让自己完完整整地感觉这件可以陪着你很多很多年的衣裳……

段落三，"深触"。细细柔柔地顺着听者探索内在的那条引线，往内里走去。在引导式想象的设计结构里，这里是关键的深化（deepening）阶段。

段落二的"碰"，是在土地的表层岩石土壤那里，碰一碰、动一动、松一松，在丰沛的春雨之中像是水滴似的，找寻着"这棵树的树根，可能在哪儿呢？"而段落三，像是摸着树根的形状，找寻这个独特的生命树根往深处走的路径。所以，设计手稿时要回答的是："陪着听者在深呼吸的体会里，如何能够铺陈、创造出一种氛围，让听者触摸到自己生命往地心走的那条独特的路径？"

年轻的咨询师眼睛很清澈，看到了一条路径："哈克用自己的故事，撞一撞听者的内在、情感，然后听者开始共鸣自己的，于是听者真正进入深处的内在。"

脱下那件陈旧的毛衣，在心理治疗的范畴里属于难度比较高的主题，因为手稿设计者的意图是盼望能够陪着听者，放下某部分曾经很坚持的自己，或是曾经很必要但现在"其实已经没有那么需要了的"自己。

人一旦冒出念头要把自己的什么东西放下或脱下，慌张与害怕常常会自己自动化地先跑上来，因为即使那件衣裳带来束缚、造成局限，同时也已经熟悉、已经习惯、已经久远、已经不太敢变动。这里，是整个引导式想象手稿设计难度最高的所在。

话说"拿起，容易，放下，超难"。这个概念似乎不用解释，因为我们都知道这是生命的本质，而且可以猜想大部分的人都体会过。所以，既然"要放下"是难度偏高的主题，于是，将安心感充满时空，便变得极其重要。

　　为什么时空里充满了安心感极其重要？因为，如果安心感不够，在闭上眼睛的不短的时间里，念到引导式想象手稿中的任何一个段落，听者都很有机会"跳走"，像是跳电一样。在我大学时住宿舍的日子，很多人都经历过冬天因为太多寝室一起插电煮火锅，建筑电力结构因为过载，就会跳电！

　　那，安心感怎么来？

　　太极拳心法说得很有味道："轻出，重收"，如同拉弓放箭，放箭轻，拉弓重。出拳的时候，往外推出去的时候轻；而收拳的时候，意念上比出拳更加稳定、更加有重量。引导式想象的手稿设计结构正好也是这样，"轻出，重收"。

　　手稿里头，给出刺激触发探索的文句很像出拳，推出去的力量是轻轻地点一下，盘旋一下，回来轻轻地再点一下（……来，忽略点什么，于是可以专心在意什么。上个季节到了尾声，新的季节已经在眼前来到，于是，脱下哪件已经陈旧的衣裳？为的是盼望着后来可以腾出双手……），这样的探索刺激问句，念出声的时候要记得："出拳要轻，就如同放箭的刹那，要轻。"

　　而收拳的时候，就很像手稿里陪着听者安心承接的时刻，内容着重于稳定有分量。这也是为什么，在这个手稿中，我用了800多个字讲述了自己"脱下没有安全感的那件毛衣"的故事。800多个字，在引导式想象中是很大的分量，之所以会这样做，就是为了"重收"，透过真心的故事和感同身受，给出一段有分量的承接，因而，有了充满时空的安心感。

承接的段落，除了说自己的故事，也可以说说一个或两个先贤哲人或现代诗人的好故事，也可以安安静静地讲一首动人心弦的歌词，像是李寿全唱的一首歌叫《回家的路》。

越不过的山是黑夜　流不尽的河是泪水

牵着我的手累不累　可愿靠在我肩上歇一歇

看不到的家是那么美　找不到的路是告别

让我牵你的手走一回　回到最初那场梦的旷野

如果世上从此没有天空 鸟该怎么飞

抬起头来还能看见谁

如果四季从此忘了轮回

花该怎么谢……

段落四：拿

这件陈旧的衣裳如果有一个名字，是不是时候到来了，可以听听看，这件等着你脱下的衣服，它的名字叫作_____。因为新的季节的来到，可以脱下的，会不会是＿＿＿＿＿＿，无法安心休息的、总是觉得不够的、还要更努力的自己；也说不定，有可能是＿＿＿＿＿＿，容易害怕不安的、容易紧张担心的自己；在闭上眼睛的流动的内在，也说不定感觉到，有可能是……要不要脱下那件"很容易生气的"衣裳……嗯，说不定，也可以考虑，脱下那件"一生气就想把身边的人推开"的衣服。

身上会穿上这件衣服，通常都是因为当时很需要，特别是因为那时候很需要保护自己，保护自己那丰盛又柔软的内在宝藏，于是，不由自主地穿起了这件其实不一定属于自己的衣裳，那是那个季节的无奈和委屈堆积起来的尘土飞扬。我们，一鞠躬谢谢那时的保护，真心谢谢，然后，深呼吸——在吸气的尾端，脱下这件陈旧的衣裳，在吐气的时刻，微笑送行……哦，好像没有脱干净，好啊，这很正常，来，深呼吸，再来一次！深呼吸——在吸气的尾端，在心里的画面里，真的动起来，脱下那件陈旧的衣裳，然后啊，再长长地吐气，微笑上来，庆贺，送行……

段落四，"拿"。听者在被承接之后，开始启动自己的潜意识直觉资源，看见、触摸、感觉，甚至听懂自己的内在深处。在闭上眼睛的画面里，要"拿在手里细细品味"能够发生，需要下面三个步骤。

第一步：给出选项让听者可以更轻盈地看见。

陪伴者先搜寻找到几个选项，在这里清晰、明白又充满空间感地说出来，于是听者的意识和潜意识一起知道了，听见了。在手稿里，我们透过给出三种以上的选项来做这件事。（这件陈旧的衣裳如果有一个名字，它的名字……会不会是＿＿＿＿，无法安心休息的、总是觉得不够的、还要更努力的自己；也说不定是＿＿＿＿，容易害怕不安、容易紧张担心的自己，或是＿＿＿＿，容易太慢、害怕来不及的自己……）

第二步：张开手臂让光亮进来一起迎接。

陪伴者张开了自己的手，带着暖暖的心意和呼吸，配着音乐、柔软辽阔地念着手稿，听者，在这个时刻，出神地又入神地听着、感觉着，忽然之间，不再那么害怕先前的慌张与不安，不知道为什么，"怎么我自己的双手也打开了！好像心里的世界有光亮照了进来"。在手稿里，我们透过慢慢端详、不着急、不匆忙来做这件事。（……身上会穿上这件衣服，通常都是因为当时很需要，特别是因为那时候很需要保护自己，保护自己那丰盛又柔软的内在宝藏，于是，不由自主地穿起了这件其实不一定属于自己的衣裳，那是那个季节的无奈和委屈堆积起来的尘土飞扬……）

第三步：听者在深呼吸里重新拥有了自己。

陪伴者在手稿里，在声音里，给出一份凝视的眼光，那份眼光里有祝福、有欣赏，也有鼓励。忽然，主角在深呼吸里决定重新拥有新的自己。然后，那个原始又美丽的图腾，最后终于在光的照耀里，因为绽放而存在。

在手稿里，我们透过好好地、完整地说"谢谢"来做这件事。（我们，鞠躬谢谢那时的保护，真心谢谢，然后，深呼吸——在吸气的尾端，脱下这件陈旧的衣裳，在吐气的时刻，再长长地吐气，微笑上来，庆贺，送行……）

段落五：望

黑塞说："……升起一股向往，犹如罗盘上抖动的指针，指向遥远的前方。"蒋勋老师说："月桂的香很淡，像一个夏天黄昏最后流连不去的光，若有若无……月桂叶会被蒜片及洋葱的辛烈冲鼻的气味掩盖吗？好像不会……它们很笃定自己的存在……悠长而持续，好像许多激昂的旋律底下那连续不断的大提琴沉稳的低音。"于是啊，最后终于，我们好用心、好细致、也好努力地，为自己空出了大大的空间，来放置"像是罗盘上抖动的指针，指向的那个新的向往"，或者，在一次又一次的未来的深呼吸里找寻那"像月桂的香味一样，淡淡又笃定的存在"。

段落五，"望"。用一份有诗意的句子结尾，有时候能够为一个引导式想象手稿带来绵长悠远的美感回荡。

在最后的这个阶段，很像是一首歌的最后一句歌词唱完之后，轻轻的配乐慢慢收尾，可能是轻轻的吉他声，也可能是缓缓渐渐淡出的琴键声。在手稿的设计上，这里通常不加入太多新的信息，如果加入一点点，也是因为想要用来像山谷的回音似的，轻轻回荡前面的路，让心里的盼望和对未来的想象，在结尾的音符里，落在那已经温暖的手掌心。

引导式想象、解梦、催眠，这三个美妙的潜意识工作主题，用到的核心技艺其实很共通，像是盘旋的翅膀，像是给出至少三个选项，像是给出安顿的承接，说出谢谢也说出道别。这些核心技艺的做法和技巧的部分在这里告一段落。

这本书接下来会进入陪伴心法，我们即将不只碰触到水，还会尝出水的甘甜；即将不只看见山，还可以走进山岚的美丽中。

4

第四部分

陪伴心法和内在涌泉

有一天，当我们终于懂得

这个世界其实没有什么拥有，只有相遇

这个懂得的刹那，安静就跟随在你左右。

19

关于那个承接的容器

微凉的清晨，好学的咨询师捎来挺精彩的好奇：

"哈克，想问问你，带了这么多场工作坊，每回工作坊里这么多颗心，哈克和生命故事跟着震荡，会不会有时候累累的，好像被掏空，想问哈克会有这些时候吗？"

我这样回答：

"掏空，是三十几岁时的日常。年轻的时候很多事情想尽全力，所以啊，力气总是打到见底。同时每次打到底，却打出了更大的容器。然后，谢谢天谢谢地，早晨醒来又是一番天地。

"同时啊，保养那个承接的容器是喜爱的日常：运动、种植、吃饭，这三个平凡又着地的日常，保养了那老天赐予的容器。"

打到底，打出了更大的容器，到底是怎么一回事呢？

如果回答了这个问题，大概就回答了助人工作者养成历程的1/3分量了。我当然没有能力回答完整，同时，现在的我能回答多少，就尽力。

35岁那一年，第一次看见自己有了一个可以承接故事、承接情感的容器，像是青铜器时代的大酒杯，大小像小学生提的小水桶那样大，用料是铸铁锅的材质。

过了50岁的我，现在的容器呢？闭上眼睛，安静地听，心里出现了一个像是可以种花的容器，圆圆的、宽宽的、大大的，陶土烧的，不是特别深的盆子，似乎有一种来去流动的空间感。

心里的容器怎么来

　　心里的容器怎么来呢？看着恩师王辅天做示范时，深呼吸，想象吸收而来；体会着吉利根博士慈悲的眼神，吐气、松开时，展开；在人情世故、你争我夺的刀光剑影里，专心立下志愿，做出想要"往底部走，真心懂一个人"的决定。

　　49岁那一年，身体历经了不小的关卡，除了吃中药调理，我因缘际会开始学习"正念"（mindfulness）。原本生命里没有的元素，涓涓细流般涌入心脉——带着爱的善意（loving kindness）、感同身受的慈悲（compassion）、带着爱的觉知（loving awareness）。

　　正念和大部分的心理咨询辅导学派很不一样，它不那么强调能力、不那么执着技能，却很专心地看待"付出"和"体会善意的心流"。身体受苦的那几年，我常常没有力气出门工作，清晨夜里，我总是听着耳机里传来的正念的引导式想象，一天又一天，反复听杰克·康菲尔德、萨拉·布隆丁（Sarah Blondin）和乔纳森·莱曼（Jonathan Lehmann）的声音，30遍，50遍，100遍，听到几乎会背这些老师们下一句要说出口的英文，同时，因为意识逐渐都懂了，意识就放松了，潜意识直觉就开始饱满地吸收到心底。

　　几年的时间过去了，辽阔的感觉来了一点，宽阔的天空、草地、大海逐渐住进了心里，辽阔就多了欣赏，欣赏就多了流动，而流动是喜悦的前奏。这些，都是容器的逐渐来到。

年轻时，执着于治疗工作的深度，拼了命去学催眠治疗、回溯疗法、隐喻故事的治疗转机、自我认同的人格转化……这些，也都成了后来珍贵的养分。这些深度，是承接的容器的一部分，中年之后感觉到的辽阔，也是。

亲爱的朋友，你的呢？如果你的心底，其实已经有了一个容器，这个容器，长什么样子呢？

学会使用那个承接的容器

冬至的隔一天，天冷。心里想着，年纪有了，来把将近30年的关于成为助人工作者一路上的磨炼、曲折，试着描述出来一点点，让后来的助人工作者在陪伴与学习的途中，有一条蜿蜒的小路可以走进去。

我常常觉得，心理咨询是一门陪伴生命走过欢喜悲伤的学问和技艺。既然是一门技艺，就会有扎实的基本功等着被锻炼。其中一个不能跳过的基本功就是承接的容器。承接的容器，说的是在生命起伏的波浪里，不至于太快被淹没、被推走、被压制的内在空间。

寻求帮助的人们来到我们眼前，最常见的内在状态是：排山倒海的难受情绪压缩了心的空间，只能自动化反应地面对其实怎么反应都徒劳无功的困难处境。这时，如果陪伴者助人者事先准备好了自己内在的那个承接的容器，比较有机会不会马上就被眼前的风暴瞬间袭击倒地。所以，看见、长出、拥有，进而使用一个相对稳定的承接容器，似乎是高段位武术练成之前，那扎稳马步的基本功。

关于容器，年轻的咨询师说着刚出炉的画面：

"哈克，我跟你说，我有看到我的容器哦，但是我万分不解，看了两次都一样！我的容器是一个玻璃缸，很像养鱼的那种大大的、有厚度的玻璃缸，里面装满了水，还有那种养鱼需要的蓝黑色的特殊灯光，水一直晃动得很大力……啊，里面为什么会有水呀！为什么晃得那么大力？"

哈哈，真有意思的活跳跳的画面。我说："看到了，就是一个美妙的开始啊。有水……嗯，来，给水三个形容词。"

咨询师闭上了眼睛，像是兴奋地又安静地听，1分钟后眼睛睁开，说：

"嗯，三个形容词，'深不见底的、表面波澜内在安静、拥有奇异的光芒'。哎哟，怎么感觉到这里，眼泪就要落下了……"

我安静地听着这样有心跳的碰触，有些时候，安静地、深呼吸地听着，不急着做什么，就是成为承接眼前正在发生的容器。

虽然我没有说话，只是安静地承接着，年轻的咨询师忽然接着往下说：

"哈克，我知道了！我要多准备一些设备和装备，不然太需要勇气才能下水……像是梯子、游泳圈、潜水设备、浮板、小船……"

我说："哎呀，看到你这样发现，我心里好感动哦……好像看到自己二十几岁的时候，在恩师王辅天的工作坊里，也是这样一点一滴地探索和发现。"

带着一份暖意，我继续跟下去："你刚刚说：'深不见底的、表面波澜内在安静、拥有奇异的光芒，感觉到这里，眼泪就要落下'，那个感觉，那个就要落下的眼泪，正在和你说什么呢？"

"一开始看到玻璃缸里有水的时候，水又一直晃动，真的有点慌张，想着怎么会这样啊！灌这么满，会不会没有空间，晃动这么大，好吗？

"而哈克问着，我感觉到那三个形容词，那真实的水面下有多静谧与美丽，奇异的光有多迷人，安心好像就来了。像是发现了自己的美好，专属于自己可以提供的东西，同时似乎也发现，我的学生与我一起工作时，会面临的状态……他们会需要勇气才能来到水里！当然他们也可以就在岸边待着、看着就好。"

我赞叹着："有多静谧与美丽，奇异的光有多迷人，哎呀，真好听呀。你的内在好通畅哦，你知道吗？刚刚短短的几分钟，你因为看见了自己的容器，然后顺着潜意识的提示，竟然找到了可以准备的多种方法，还有允许不下水的辽阔空间，精彩极了。"

我忍不住多问了一句："如果你想要给这个容器一个带着祝福的命名，那会是什么呀？"

"欢迎来玩耍的玻璃缸！"

真是太有意思了！一刹那间，这个本来一开始说自己好累、被掏空的咨询师，已经带着欢迎来玩耍的心情，而且，本来的掏空，竟然已经像变魔术似的，变成了玻璃缸。

亲爱的朋友，你的容器长什么样子呢？要不要给这个容器一个带着祝福的名字呢！或者，如果你盼望有一天，可以拥有一个未来即将到来的用来承接的容器，那会是什么样的形状、颜色、大小、材质呢……

20

学习如何不着急——入场券的拼图

助人，其实很容易着急。

着急自己专业素养不够，怎么谈了好几次都没有真的帮到什么忙，着急个案谈了半年多了，会不会钱快用光了，下个月的咨询费用没有着落。于是，在陪伴一个人的路途上，学习如何能够不着急，是门功课。

这里，有两帖解药，比较像可以调理血气循环的中药。第一帖解药，是深呼吸之后，愿意拥有一个允许时间带来改变的长期目标；第二帖解药，是在月升日落的时光里，收集三张拼图来组合拼出一张生命的入场券。

来说说这张"得以进入生命殿堂"的入场券。

咨询心理学是一门人文科学，既然是人文科学，就同时包含"心理科学的知识"和"身为一个人的生命智慧"。心理科学知识，包含咨询学派理论与操作实务流程；而生命智慧，和哲学有关，和信念有关，和是否能承接美丽与哀愁有关。

我的心理知识体系落在潜意识工作，主要吸收自欧文·亚隆、吉利根博士和弥尔顿·艾瑞克森。而生命智慧，是在生活和大自然的交互里，逐渐相信的哲学观。接下来，我来说说这个过了 50 岁，终于来到的相信哲学。

那天，一个好久不见的咨询师联系了我，希望我可以陪他整理从事咨询师 7 年后的自己。视频的画面里，年轻的咨询师说到自己一直向往着可以进到一个孩子的生命殿堂。"进入生命殿堂"这几个字，打动了远程的我，沉吟着、欣赏着，也决定来写这篇《收集三张拼图，拼出生命殿堂的入场券》。

心理咨询探讨的、关爱的，是人。而人和人真正着地的关系建立，其实是时间和故事的交织，这很像我们会说的"革命情感"。我们都知道，革命情感似乎很难在人工感十足的面谈室里真的到来。

很难，但是不是不行。在有限的、人造约定的陪伴时间里，我们盼望收集可以靠近"革命情感"的三张拼图，于是有机会拼出一个让自己有资格进入生命殿堂的入场券。有了入场券，深刻的童年议题、难解的长久孤单、不知为何的没来由的慌张，才有了足够的支撑力，于是可以深入其中，扎实地照料。三张拼图分别是：

第一张拼图：他讨厌自己的时候，你在。

第二张拼图：他喜欢自己的时候，你在；他庆贺生命绽放的时刻，你在。

第三张拼图：他忧伤的时候，你在；他害怕不安的时候，你也在。

革命情感，是最无法人工制造的记忆，所以，这三张拼图，不是要复制真实生命里那珍贵至极的革命情感，而是透过聆听，去靠近那样的生命经验。

一起来看看这三张拼图，你也可以一边想想，陪伴的时候，你是不是特别沉浸在某一张拼图，而不小心忘掉了另外两张。如果，你更专心地收集可能遗落的拼图，"不着急"这个珍贵的陪伴质量，常常就悄悄地来临了。

第一张拼图：他讨厌自己的时候，你在

故事的主角来到我们面前寻求协助，正好处于生命的低谷。因为低谷阴阴冷冷，因为低谷阳光照射不足，因为不如意事十之八九，于是，我们通常会先听到"讨厌自己的故事"，这是常见的入门款。

"老师，我抑郁这段日子，已经好几个礼拜没有动力去上课了……我爸爸在港口当临时搬运工，每天好努力好辛苦地工作，想说要让我接受高等教育，可是私立大学的学费好贵，唉……真的对不起我的父亲……"

讨厌自己，几乎是生命的必然。越有良心的孩子，越是想扛起自己生命责任的孩子，就越容易讨厌自己。身为陪伴者，我们不是要"除去"这一份讨厌感，而是，我们听着，然后在心里（可以不说出口的）想象着……和讨厌自己有关的内在对话是什么，用真心的想象，拼起第一张拼图：

"嗯，爸爸是底层，孩子读私立大学，家里的期待，可能是往上爬的动力来源，啊，可能带来好大的、说不出口的、不能失败的压力，嗯，压力，嗯，抑郁，哦。"

"嗯……抑郁，没有动力，这里值得听听看，有没有什么情绪或渴望被压住了，如果抽掉家里的期望，这个孩子心里面的故事会是什么呢？如果这个孩子心里对未来的梦想很有热情，但是看起来不会赚到什么钱，可能会不自觉地一直自己把自己压住，甚至强迫自己不可以去幻想真正的渴望……"

"对了，有机会也来了解一下实际层面，不知道家里的经济压力有多大、多急迫，有没有兄弟姊妹一起分担呢……"

这样在心里问，故事的主角就不只是问题的代表，而是一个立体的生命，旁边的、里头的、源头的、下游的，都逐渐来到。

第二张拼图：他喜欢自己的时候，你在

生命正在受苦的孩子，不会只有难受和痛苦。当我们听呀听，又听呀听，听见了孩子心里的辛苦挣扎、批评自己……很有意思的是，当这些种种难受听足了（通常大概3~4次面谈就快要足够了），同时，听足的我们又没有逃走，这个时刻，第二张拼图，喜欢自己的故事，常常会在某一个清晨的微风里，轻轻飘

落，这个光线洒进来的刹那，正好也就是墙里开出了一朵花。

"老师，我跟你说，上个星期，我们和另一所大学联谊，我被同学拱出来当联谊活动的主持人，我很不好意思也有点紧张，可是啊，不知道为什么，我的幽默挺自然的哦。啊，我从小都会看爷爷和朋友泡茶、聊天，爷爷自己讲笑话，自己哈哈大笑，那欢乐的气氛像是电波，让身旁每个人都快乐起来呢。

"啊，好好玩哦，我好像我爷爷哦，哈哈，在主持联谊活动的时候，我的同学和新朋友们，都笑得好开心！连我自己都好久没有这样笑了呢。"

第一张拼图，是受苦。第二张拼图，是灿烂的笑。当我们听了第一张拼图时，即使听得辛苦，但是撑住了，没有放弃、没有逃走，于是，我们听呀听，常常就等到了灿烂的笑。

喜欢自己，是生命的转场。这样的转场时刻，不长，容易被滑过、跳过。同时，我们盼望灿烂的转场可以不长但很深刻。如何不长但深刻，这里，身为陪伴者，我们来锻炼一下"停留"的功力。

创造"停留在喜欢自己"的时空感

自我要求高的孩子，不太允许自己停留在自己美好的时刻，因为他们深信"玉不琢，不成器"，他们深信"只有不停地面对自己的缺陷，还有不断地突破，才能有光明的未来"。于是，非常愿意努力、用心、扎实地待在自己不足的地方，改掉缺点和弱项。同时（叹一口气），也因为长时间待在自己的缺点、弱点和不足之处，久了，习惯了；更久了，抑郁，不知不觉就来拜访了。

当眼前的孩子的自然倾向是在"喜欢自己"这里待不住，那么身为陪伴者，我们可以来创造"停留在喜欢自己这里"的时空感，像是下面这样说出口：

"哇——（拉长音，因为我们要拉长灿烂的尾巴），哇——（拉长音），好好哦，你有这样的爷爷，老师好羡慕你——（羡慕，是好美的、能够欣赏灿烂的停留），很想多听你说说爷爷的故事呢！"

"你刚刚说：'可是啊，不知道为什么，我的幽默挺自然的哦'，老师很想知道，'可是啊'后面的'不知道为什么'……，还有啊，那个挺自然的幽默，可以给老师一个例子吗？你说了什么，带着什么语气或表情，眼前的同学们是什么反应呀？"

"可是啊"后面的故事，有时候特别好听。

"不知道为什么"后面的故事，特别动人，像温泉的热能源头似的。

所以啊，第一张拼图加上第二张拼图，于是，他骑自行车跌倒时，你在，他年终抽奖抽中大奖时，你也在。这么一来，有辛苦，也有欢喜，入场券，快要拼出来了。

第三张拼图：忧伤的时候、害怕不安的时候，你都在

我有时候会觉得，心理咨询虽然大部分的园地都很美丽，可是其实有一个比较"虽"的地方（"麻雀虽小，也没有我虽小"的那个"虽"），那就是：个案风光、快活、顺利、美好的时候，不一定会来面谈，而个案黯淡、辛苦、害怕、忧伤的时候，约好了的时间，通常都会准时出现。

也因为这样，如果我们过度地投入体会那些忧伤、黯淡，时间久了，这些比较沉重的能量场，会把我们拉倒甚至拉垮。怎么办，我想到流传千年的太极拳口诀可能很好用！

陪伴的心法：勿助、勿忘

陪伴着生命里发生的种种，同在却不被拉垮，背后有一个很美妙的心法，是太极拳呼吸时的口诀："勿助、勿忘"。

不要过度帮助它，同时，也不要忘记它。呼吸吐纳，可以这样提醒自己，觉知着自己的呼吸起伏，同时，不过度注意、不过度控制。这样的美妙状态，我喜欢这样形容：用纪录片导演的眼

光，"我在"。

你看着他，没有急着劝告、没有急着提醒，"这里危险，还有，还有那里更危险"。可是，你没有忘记他哦，你陪在他身边，没有忘记他，也没有要刻意地、人为地帮他扭转些什么，像是一个陪在他身旁，带着亮亮的眼睛，忠实地为他记录下故事画面和声音的纪录片导演。

勿助，不是说完全不要去帮助他，而是不要刻意去介入。当然，必要的时候或忍不住的时候，可以讲两句话，提醒一下，或者抒发一下你不说会闷住很难受的心情，可以简单两句话，说：

"阿进，看你最近睡眠状况这么差，家里加上学校的压力又那么大，老师其实挺担心你的，有时候在校园远远看到你走路好像会恍神，很心疼你。"

简单两句话，就同在了。于是，他忧伤的时候，你在，他害怕、不安的时候你也在，不被负能量拖垮，安稳地陪着。同时，真心地体会在生命面前我们的确渺小，所以我们带着一份祝福的心，像是蹲在他身旁地陪着，真的在，用纪录片导演的镜头，让故事被好好地打光、记录、剪辑。

我们加上的只是薄薄的一层粉而已，连化妆的粉都不够

勿助，背后的哲学观是：我可以加入新的土去改善他的土

质，同时也记得带着尊重的心去懂他本来的土。

像是都兰山脉，靠近山边的土质和靠近海边的土质很不一样。所以在种植的时候，我可以想办法去改变它的土质，同时也需要尊重它的本质。

于是，一天又一天，弯下身子，来揉土，真的去碰触它，真的去了解它。花多一点力气去碰触和了解，少一点力气想要去扭转、去改变，因为经验告诉我们，当你一心着急着想要改变对方的时候，对方很自然、很本能地会跑，如果你追，而且你跑很快又很会跑，然后啊，你追着追着力气就耗尽了。

被学校系统压到喘不过气的咨询师这样问我：

"可是，哈克，可是有时候好想赶快帮到个案，还有班主任很急，导师也很急，学工处老师一直打电话来问有没有好一点，这时候，身为陪伴者，可以怎么安顿自己的心呢？"

我喝口水，看看四五年来朝夕耕种的土地，一边翻土准备种下三月的四季豆，我慢慢地说：

"我们啊，学习陪伴心理学，可以用下面的眼光帮忙我们，在被繁忙的世界卷进去之前，安顿下来。

"你看，这个水桶里，是我从种苗店买来的松松的有机土，加上左边的这个有机肥，混合好了很漂亮的土。然后，我准备把这些松松的有机土倒在这片荒凉、荒废已久的田地上。

"外来的有机土，倒进这块田里，你知道吗？你可以想象，这块田、这片土地，它深深地连到地心，是有自己的心跳和生命的，像是一整个独特的宇宙似的，你要去懂它，你不能狂妄地以为，你准备的这个有机土很好，就要占据它的世界。这个准备好的、外来的有机土，倒到田地里，倒下去只是薄薄的一层粉而已，连化妆的粉都不够。"

"对，田地其实很深，往地心走可以很深很深，而我们给的，只是薄薄的一层粉。哈克，你刚刚这个形容，让我忍不住深呼吸了好几次呢！"

"哈哈，这样真好，深呼吸了就收进心底了。从表层的浅浅的土，透过深呼吸，往地心走去。当你可以这样想，对于生命的尊敬和等待就很有机会可以取代那些着急的催促了。"

于是，他忧伤的时候，害怕不安的时候，你在；他讨厌自己，喜欢自己时，你在；他庆贺绽放的时刻，你也在。于是，这张有革命情感的入场券，终于拼出了一张完整的拼图。

21

靠近自己不是固定的点

最近喜欢一首歌，连着好几天听了一回又一回，叫作《愿你有故乡》，里面有几句很美的歌词，常常念着、哼着，然后啊很神奇的，心，忽然就不匆忙了……

我牵着我的白马

带着铃铛

在黑色的夜晚 摇月亮

……

哪里的人 不问来路与归途

纯粹陪你 醉一场

……

摇头晃脑地念念看

陪伴的时候要能够暂时离开匆忙，其中一个促使内在流动又宽阔的方法，就是摇头晃脑地念一首诗或一段歌词。

所以啊，读到这里，建议你，慢慢地念上面这两小段歌词，最好是摇头晃脑地念，或者比平常说话慢上 3 倍试试看，然后啊，也可以中间深呼吸，你会发现，念着念着，因为轻柔，因为速度放缓，那歌词里的慢动作画面"……牵着我的白马……带着铃铛……在黑色的夜晚……摇月亮……"就立体地存在了你的心海。"

建议你，真的再念一下上面的歌词，也摇一下头！这样会有比较好的状态来吸收下面的精华。往前几行看去，真的摇头晃脑一下，很好玩！因为接下来这段文字有点重量，当你摇头晃脑地感受一下诗意之后，会吸收得更好。

想靠近自己又怕靠近自己的孩子

冬天的一个早晨，在我的一场小型演唱会开始之前，一个年轻的咨询师挪动身体坐到我身边，有点害羞地说：

"哈克，我问你一个跟唱歌没有关系的问题，可以吗？"

"哈哈，当然好啊。"我心里想着，你如果问我音乐相关的问题，我还真的不会呢！

"哈克，我问你哦，我最近面对一个特别困难的个案，困难的点是我抓不到他的位置在哪里，他好像很想靠近自己真实的内在，可是靠近的时候又会被弹到外面，好像有一个声音叫他不可以这样靠近自己。

"不知道是不是因为这样，和他面谈的时候，会觉得好像就快要跟他靠近了，可是又没办法靠近。"

有意思！靠近自己和远离自己，这个主题值得好好停留探讨一番！我看着真心发愁的咨询师，问："你会怎么形容他呢？我刚刚心里出现几个词,譬如说来来去去、相聚又分离、好像很紧又好像很松,你会用怎样的词来形容他呢……"

"想靠近又不敢靠近!"

"哦,所以,这里有害怕。来来去去、分分离离、远远近近都是外在的形象,而'不敢'这个关键词,让我们接收到,这个孩子的心境是害怕的。如果我们用'不敢'来造句,可能就会是……想坚持又不敢真的坚持、想拥有又不敢真的拥有、想依赖又不敢真的依赖。"

想抓住固定位置所以才会卡住

"有意思的是,你刚刚的描述是'我抓不到他的位置在哪里',你用的动词是'抓不到'!会说抓不到,就是想要抓到。想抓到什么?想要确定一个可以抓到的固定的点。"

在这里,如果我们想要把它"定位在某个固定的点",那就会失败。

当你想要清楚地问出:到底"他是这个还是那个",到底他是很想靠近还是不想靠近,那你就一定失败,你会问不出来又陪伴不到。为什么呢?因为它其实是在两个点之间快速移动,明明刚刚正在问这个点,唉?怎么缩回那个点;1分钟前正感觉靠近温泉,3分钟后忽然无预警地跳得远远地,落在另一座湖中。

这里有一个可以操作的心法，在心里跟自己这样说："他不是故意要跳来跳去的，他不是故意要靠近又忽然远离的。"

这，正好是他目前的本相（essential part）。他的本质不是固定一个点，不是一个桌子上的瓷杯，而是正在两个端点之间移动的"动物"。

处在这样的时而靠近时而疏远的状态，其实个案自己是最不知道如何是好的，因为他真的不知道，到底自己现在怎么了。因为这样的状态，身边的人搞不清楚他到底怎么了，有时候会带来人际上的问题和困扰。

可是，有时候却不会。

学会觉知自己在哪里

"什么时候不会造成困扰呢？如果正在两个端点之间移动的'动物'的主人，能够学会去觉知自己此时此刻正在哪里，又能表达给身边的人知晓，那就有机会不造成那么多的人际困扰了。"

听到这里，本来发愁的咨询师眼中"当当当"——亮起了三颗星星般的光芒，可能是刚刚的什么点亮了他的迷雾，他带着星光闪亮的眼神追问：

"哈克，这里我听了很有感觉呢，你可以多说一点吗？"

"好啊！举个例子来说，我女儿最近都会形容我是个小孩，特别是晚上吃完晚餐后，拿着整包洋芋片看电视时，很像一个小孩。因为那时候的我超级慵懒地斜靠着沙发，好像怎么样都动不了，洋芋片没有了、饮料没有了、遥控器找不到了，都要女儿来帮我拿，很像是在照顾小孩一样，这是一个端点。

"然后，我的另外一个端点很像智慧老人，特别会在骑摩托车载女儿兜风时现身，在女儿需要被聆听、需要指引的时候，柔柔又暖意地陪伴着。这很有趣，我既像一个小孩似的需要被照顾，又像一个智慧老人可以主动抚慰心灵，我也在两个端点移动，可是为什么没有造成人际上的疏离？

"因为，我清楚地觉知我正在哪一个端点。同时，在小孩那里，就好好地扮演可爱的小孩；在智慧老人那里，就纯粹地邀请远古的智慧发光，而不是混杂的状态，在智能老人的位置上表现出像一个小孩。

"于是，把内在心力用出来，不把这两个角色混在一起。一旦是清楚的，分开的，独立的，这样的移动式存在于端点之间，便有了机会，不带来人际困扰。"

说到这里，我喝了一口清香的红乌龙，眼前的咨询师眼珠子转呀转的，看起来还要转个几分钟才会降速，所以我就安静地喝着清晨的红乌龙，等待眼前的孩子，感受到"意识的吸收"逐渐遇见"潜意识的体会"。

几分钟的出神又入神之后，年轻的咨询师带着微笑说：

"哈克，所以，是不是很像你第一本书《做自己，还是做罐头》里说的'并存'呀！可以亲近，也可以疏远，这两个都是我。"

"哎呀，你有读我的书呀，好开心！对啊，我的恩师吉利根博士教会我的这个'并存'，真的可以用在这里，而且这属于'进阶式并存'用法。

"用中文的语词来描写，我用'倏忽'这两个字来形容两个端点的瞬间移动。倏忽——很亲近，倏忽——很疏远；待在'亲近'这里时，怎么觉得'疏远'那里比较没有压力，但是一旦跑去'疏远'那里，怎么又觉得好像'亲近'比较甜美。

"有了这个新的观看的视角之后，陪伴这样的个案，我们可以有一个远程目标是：让他这两个端点，都可以有一份带着深呼吸的安顿感。像是牵着白马带着铃铛，在黑色的夜晚摇月亮，可以好好地，一声铃铛一步走，稳稳地存在。"

年轻的咨询师频频点头又脸色红润。

频频点头，嗯，意识学习逐渐完全理解、接收了！脸色红润，嗯，身体直觉已经体会到这个概念是滋养的、是通畅的。好，这个刹那，我喜悦地知晓，刚刚我说的那些长长的话语，已经正在变成眼前这个咨询师心里的自己了。

带着喜悦和祝福，我又多嘴了几句：

"所以啊，如果跟这个学生面谈，假设半年后或一年后，他好像靠近自己时间比较长、比较稳定了，那么，你就可以这样跟他说：阿新，最近几次老师听你说话，发现你专心的时间多很多哦，你之前晚上好像滑手机糊里糊涂地把时间浪费掉，可是你刚刚说，这个星期好几个晚上，你都很专心地做专题的资料搜集，而且，有两天晚上，还在忙一段落之后，拿起你超爱的莫言的书，很享受地品尝呢！老师挺好奇，你品尝文字的时候，是不是感觉到和自己靠近……"

这样，把那被听见了的个案的真实经验，明确地指出来、说出来、端出来，会让这样本来没有确定的亲近自己的经验更扎实地被拥有，被活出来。

而另外一端，其实特别重要。来看看靠近自己的相反端，如何来到。

"老师，昨天晚上我接到家里的电话，爸爸在港口搬货的时候伤到腰……（一边说却需要忍住泪水，撑住快要崩溃的五官，椅子扶手上的拳头握得紧紧的像石头一样），我好气自己，气到后来不想理任何室友，连自己也不想理，只想把全世界都推得远远的……"

"阿新啊，你刚刚说这句话，只想把全世界都推得远远的，连自己也不想理，老师在自己的心口这里大大地震动了一大下！你的话震撼了我。

"老师想要你知道，我在。（带着坚定又温暖又接纳的眼神和心意），我在这里听着你经历人生的不容易。老师也曾经有过这样，老师想去美国读书之前，英文 GRE 一直考不到最低标准，好几次深夜里也这样：只想远离自己，远离任何人，甚至远离这个世界。

"老师想要你知道，这样的心情，是正常的，不用每次都拿来生气的。靠近自己，是自己，远离自己，也是自己，这两个都是自己。

"啊！老师知道了，来，老师这里刚好有一张 B4 的图画纸，我们一起来，在接下来的日子，把你靠近自己的时刻记录下来，也把你远离自己的时刻记录下来，都记录在这张图画纸上，这么一来，你毕业的时候，就可以带着这张属于自己的地图，往前走。"

"困难的孩子，有些时候需要疏离别人，甚至用力推走自己，也推走别人，即使知道推走之后需要忍受孤单，也只能这样辛苦地撑着。

"身为陪伴者的我们，可以试着去体会：那些心理负担越大的孩子，好像就越容易远离自己，因为靠近自己实在是太累又无法承受，会不会，对这样的孩子来说，远离自己，其实也是生命的必然。

"于是，身为陪伴者，我们不是要去'除去'这一份疏离感，而是，让自己在。让自己陪着孩子，一起呼吸，一同体会那一份必须远离、必须疏离的痛楚，然后，看见这个，也迎接那个。"

年纪有了，本来只想多嘴一两句的，结果又忍不住说了一段。

年轻的咨询师安静了下来，刚刚那一段话语，看起来，接下来三五年，很可能会回荡在他的心口和胸怀，直到落地的那一天。

22

他的土，要自己翻过

年轻的孩子，总是会生气自己做错了选择，难受怎么会搞砸了原本美好的计划，懊恼因为慌张而错失了表达的机会。这些，都难受，同时，这些发生的种种，都像是一块自己生命的土地，总是要自己翻过，它才能做决定。

怎么看关系中的来来去去

年轻的咨询师好奇地问着：

"哈克，接个案的时候，常听学生烦恼关系里的来来去去，朋友或伴侣的来到或是离开，有的时候关系会断裂，我想说有没有机会多带着一点祝福来迎接这个断裂。想知道哈克怎么看这件事情？"

哎呀，问得真好。

我有时候会觉得，陪伴一个生命，不是要去改变或扭转什么的，而是逐渐地选择相信：生命的土要自己翻过，它才能做决定。我歪着头想了一下，想着要怎么说，比较有机会被吸收。深呼吸一口气，感觉到自己的安静，我开始说：

"关系断裂本身是比较不舒服的经验，所以不是一个会自然去期待和迎接的事。同时，断裂是变化的一种，哲学上来说，变化是必然。事情会来，会消失，有时候会循环，有时候就是没有了。"

在这里，很像参加障碍越野赛，陪伴者的第一个挑战，很难也很简单，就是要"忍住那颗很想要劝告的心"。

"哈哈，我自己也正在参加这样的障碍越野赛，因为我两个女儿，一个 12 岁，一个 15 岁，生活里我常常深呼吸，忍住不要去跟青少年的女儿说："把拔跟你说，你其实不用太在意朋友的关系，这世界唯一不变的，就是事情是会变动的，关系来来去去，其实以后也不一定会在一起。"

什么叫作"忍住不去劝告"？就是明明脑海中出现上面这样的句子 15 次或是 23 次，但是，很努力地不说出口。很像是深呼吸一口气，决定关掉引擎，再来一个深呼吸，扬起船帆，感受船底的水流和自然的风，然后啊，让生命的风吹过这艘船、这个帆。

为什么要忍住不要去劝告，因为啊，如果回想一下我们自己的人生，是不是最不缺的，就是劝告；长长的人生河流里，我们自己真的最不听的，也是劝告。在生命长河里，做错了什么，其实，是一条"懂了自己哪里和别人不同"的很重要的引线。

"还有啊，我有时候会偷偷地这样想，如果我的孩子，在读中学时，就已经像是禅定的高僧，那样的云淡风轻看待生命的无常，哈哈，听起来似乎也不是一件好事。"

年轻的咨询师前一刻还望向远方，下一刻已经在风里闭上了眼睛感受着，可能正接近着自己吧……可能正想象未来可以怎么应用到个案面谈上面吧……山风，比起海风来得安静多一点，也温柔多一分。

睁开眼睛，咨询师接着说：

"对我来说情感不是一个容易切断的东西，我不轻易投入，一旦投入了，我不轻易切断。对，不管是伴侣或是好朋友，我都是偏向不轻易投入。

"然后，我想到自己在办公室的关系，刚出来工作一两年时，比较会很投入或期待获得友谊、认可，现在比较顺其自然。同事之间好的时候很好，但可能结束工作之后变淡了，这个时候，觉得淡了就淡了，也没关系啊。办公室的关系比较看得开了，不执着或很在意我跟他们没有很熟，这样反而跟同事之间关系变得更自然、更好。"

我微笑着回应：

"你现在处于一种偏流动的状态，不那么执着。问题就是，这种不那么执着的心境，其实你没办法用说的方式去教你的学生。你知道为什么吗？因为你曾经投入过，是投入过，然后发现不对劲，然后才做了修正，才拥有了属于自己的明白。

"而且，个案即使跟你经历过几乎一样的事，他也不会因为你提醒他什么，他就改变了。因为生命不是正确答案，生命的形状来自尝试之后，深呼吸地重新、调整、塑形。

"像我大学选错科系，明明个人特质适合文科，只因为环境的氛围又因为想多照顾长辈的期望，竟然选择了理性至上的电机系，而且还是竞争超级激烈的大学。这个错误，这件做错的选择，它没有忽然的光明可以照亮方向，它就是要'这块土地，自己翻过'，它才能做决定。

　　"我因为做错了选择，于是沿着这条引线，往里头摸摸摸碰碰碰。几年之后，才懂了，原来啊，自己很底层的核心特质不是理工思考的逻辑推理，而是能体会陪伴与同在的柔软。

　　"所以啊，当我们遇到眼前的个案觉得自己做错了选择或做错了事，大大的迷惘和懊恼一旦来到，我们陪伴时可以这样跟自己说：

　　'去观看它，就好。（这里来一个深呼吸。）不要太积极介入它，因为介入也不怎么有用。我的土是我的土，他的土，要自己翻过。

　　'耕种土地时，会需要翻翻土，观看着，让新的土和旧的土逐渐混合。真实生命的土地，需要时间，需要日晒雨淋，没有直接快速的快捷方式。'"（这里再来一个深呼吸，吸收的关键，不是匆匆地读过去，而是，深呼吸之后的往身体里面的沉入。）

这块土，要自己翻过

年轻的咨询师脸上绽放一抹很美的笑容：

"哈克，我好喜欢这句话，'这块土要自己翻过，它才能做决定。'我自己很喜欢亲身经历某些事情，好好感受，在翻土的过程中，我更懂得什么是我想要的，什么适合我。而且，当我带着这样的眼光，就知道放出、给出更多的选择权给对方。"

真好，真好，这么一来，当年轻的孩子做错事的时候，我们没有跟着难受，也没有跟着很着急、很想劝告，同时，真的全心全意地在，真的聆听，于是啊，有一天真的懂了他。

我想起蒋勋老师说：

"……虽然没有花，没有叶子，但是河边的树看了很多年，他都熟悉，知道哪一棵是栾树，哪一棵是苦楝，记得它们何时发新叶，记得它们何时开花，记得它们结果实和落叶的时候。

"一棵树要在不同季节认识它们不同的样貌，如同一个人，可以认识和爱恋他从青年到老不同的容颜吗？只认识表面的青春容貌，难在心底深处有深刻记忆吧……"

陪伴的心情，很像是"河边的树看了很多年，他都熟悉，知道……"因为没有着急给提醒、说劝告，所以似乎也更能一同参与眼前故事主角的美丽与哀愁。

于是我们看见了主角"没有花，没有叶子"的日子、体会了他"长长冬天的枯枝"的萧瑟、一起祈求"春天终于盼来的小小的嫩绿"，于是，可以懂得"从青年到老的不同容颜"。

| 23 |

默念的陪伴心法口诀

心法，像武士练剑之前先安静扫地一样。武士安静地握着扫帚的木柄，感觉到木柄传来的树叶和土地的摩擦，先安静地扫地，然后喝口水，感觉到更安静一点，然后，才上场。来看看关于安静扫地的 6 个陪伴心法口诀。

摄影家布列松的眼睛

法国摄影家布列松说："在拍摄的时候，我总是闭着一只眼睛，我用这只眼睛观察自己的心灵。我又总是睁着一只眼睛，我用这只眼睛观察整个世界。"

布列松的话语在寒流来的夜里，震动着我的心。是啊……如果陪伴的时候，安静地观察，再安静地观察，然后，等待那心里回荡出来的一丝丝真实又清明的体会，这样会很美。

陪伴，常常是因为深呼吸地放下想要改变对方的心，所以才陪得到。他要改变，是他人生的大决定，而陪伴的人，如果意图改变他、扭转他，他常常会躲回去缩到墙角，甚至自动地升起一道高高的墙，很多人一侦测到别人想要改变他，心里面就会升起那座电动的自动化高墙。

如果，我们放下改变对方、放下扭转他的心，选择单纯的陪伴，这个时刻，我们就从"改变"的角度移动到了"守护"。同时，当你带着安静的心，守护着墙里开出的那朵花，那朵花开出来香味喷发的刹那，这个时候受益的就不会只有你，连路人都会闻到芬芳。

"我总是闭着一只眼睛。我用这只眼睛观察自己的心灵。"

如果，我们让布列松的这只眼睛往心里瞧，觉知了自己有一份想改变对方的着急；接下来，当着急放在旁边之后，还可以更升级地问问自己：

"他有故事，我有酒吗？"

"我的心，是不是准备好了那坛好酒，微笑地斟满酒杯，等待着聆听眼前生命的故事呢！"

"我又总是睁着一只眼睛，我用这只眼睛观察整个世界。"

如果，我们饱满地凝视着眼前的他，这独一无二的生命，然后，如果你心里有一个感动、有一个快乐、有一个心疼、有一个触动，那就是一朵花，正在开。于是，你可以当第一个对那朵花说"嘿！你在这里啊"的人；于是，你拜访了他的脆弱，你拜访了他本来隐藏的芬芳，然后，你轻轻柔柔又暖暖地说："嘿！你在这里哦……"在这样的凝视里，生命忽然就不孤单了。

于是，我们有了这一句可以在心中默念的心法口诀：

"是的，我没有要改变你。我闭着一只眼睛，用这只眼睛观察自己的心灵，问问自己是不是准备了那瓶安静聆听的好酒；同时，我睁开我的一只眼睛，我用这只眼睛等待、守护，那朵墙里开出的一朵花。"

春天看紫花看绿叶，冬天看枝茎婉转

夏天的尾巴，在书店很惊喜地发现蒋勋老师 2022 年的新书，而且还是签名限量版！珍惜地买下，珍惜地打开一页、一页。蒋勋老师书里这样写着：

"苦楝树枝茎细长优美，但是春天时有浅紫的花色和浓密绿叶覆盖，看不太到枝干的线条。一棵树也有一棵树在不同节气里的美，春天看紫花看绿叶，冬天看枝茎婉转。"

我深呼吸，又深呼吸。是这样一颗安静的心吧，所以看见了花儿和绿叶都凋谢之后的枝茎婉转。海边游客中心的大草地上也有一棵大大的苦楝树，到了冬天，那树干弯曲的、美极了的弧线，衬着音乐会的歌声，像天堂。

我想，如果想要给出带着祝福的命名，真的需要这一颗安静的心先来到啊，于是，我们有了第二句心法口诀：

"我邀请安静的我来到这里，我许愿，可以看见春天绽放的紫花绿叶，也可以看见冬天花儿绿叶凋谢之后的枝茎婉转。"

开垦温柔

我很喜欢感受作家康菲尔德的话语，他说："亲切体贴地对自己，有温度地对待人。踏出评判的法庭，邀请自己沉静下来与完整的自己轻松相处，亲切而体贴。"

"踏出评判的法庭"这 7 个字让我震动多日！一个人如果成功地离开了、踏出了评判的法庭，是不是更有机会可以开垦那块终将来到的温柔的土地。有意思的是，评判，是从小学会的能力和习惯，要能放下对错善恶的两极判断，需要路径。

当一个东西是单薄的，只有一个平面或一个点，我们会容易跑去评判那里，想到要么接受或不接受、会喜欢或会讨厌。但是，当我们有机会接触到一个人的"立体面"的时候，我们可以不那么理所当然地走进好坏对错的法庭。难怪有一个小说家这样说："不要把我讨厌的人介绍给我真的认识，因为一旦我真的认识他以后，就没有办法讨厌他了。"

立体面，怎么看见眼前的生命的立体面呢？多探索、多问就有了。

"眼前的生命，他挣扎着什么？""除了他的辛苦，他的可爱在哪里！对了，我可以问问他，有没有特别喜欢吃哪一种甜点？""你如果被动物园园长指派去照顾动物，你会最兴高采烈地希望去照顾哪一种动物！"

于是，我们有了增加看见立体性的第三句口诀：

"我想要亲切体贴地对自己，我想要有温度地对待人；我愿意踏出评判的法庭，邀请轻松相处、亲切体贴到来；我真心地想要更立体地、不单薄地，听见你的故事。"

初学者的眼睛

很喜欢这几个字，像初学者的眼睛（beginner's mind）。很像所有的事情都是新鲜的、都是好奇的，像清晨的花的柔软花瓣；像春天冰山刚刚融解的清澈溪水；像一只可爱的小羊有点怯生生的眼睛，但是却又明亮地看着眼前的世界，咀嚼着嘴巴旁边那嫩嫩的青草。

心里的眼睛如果可以像是初学者的眼睛，那么，每一个早安、每一个拥抱，都可以像是第一次一样。于是，可以翻开新的一页，不用停留在过去那些枝枝节节的牵绊。

陪伴一个人的时候，如果可以带着生命的厚度又能有透光似的，那该有多好。可以试试看这样体会：

"在厚度里感觉到温暖，在柔软又厚实的花瓣里来回芬芳。"

当眼前的人说出一段和我们内在不太一样的话语，或者，做了一件我们一时无法理解的事情，不会像是撞到墙、打到玻璃一样地弹回去，撞出去，而像是进到了厚厚的花瓣里，在内里的厚度中，碰触回荡、轻敲触摸……

于是，自己就是这个厚厚的花瓣，当眼前的人说出了一段故事，那些话语和画面，会好自然地在柔软又厚实的花瓣里，来回芬芳，飞进飞出，很像把鼻子凑近到花苞前，会忍不住闻到的那一种花香。故事，因为这样的花香而更饱满，更立体了起来。

于是，"评判的法庭"说不定有一天可以是过去，可以是曾经，可以是已经过去的曾经。而那新长出来的，那单纯又芬芳的厚厚花瓣，有机会透着光，朝朝暮暮。

这个时候，我们有了增加陪伴厚度的第四句口诀：

"我愿意学习，初学者的眼睛，让每一声问好、每一个关心、每一个握手，都像是第一次一样。我想象自己就是厚厚的花瓣，让听到的故事，那些话语和画面，自然地在厚度里感觉到温暖，在柔软又厚实的花瓣里来回芬芳。"

今天早上不要扫地

几年前，小女儿阿毛读小学时，有一个很可爱的小故事。那是一个早晨，我骑摩托车载阿毛去村子里的小学上学，我们父女俩一下看看右边的都兰山，一下瞧瞧左边的大海，就到了学校。

阿毛进了校园，我因为想观摩学习校门口对面大大的南瓜田如何做畦，就把摩托车停在路旁，目不转睛地观察那些专业农民挥舞锄头的身手。忽然，耳边传来老师跟全校小朋友说话的嘹亮的声音：

"各位小朋友，这个礼拜的课外劳动，落了满地的大叶榄仁的红色大树叶不要扫掉，我要照相，因为太美了。"

哎呀，这样的安静停留，教会小朋友们对于美的热爱，我好喜欢又好感动。心里想着：

"哦，原来可以这个礼拜都不要把满地的大大的红色树叶扫掉，原来可以这样看见美，留住美，也享受美，原来可以这样停留在美的世界里，原来可以哦！"

这也让我想起蒋勋老师的一段文字：

"新叶、开花、结果实、落叶、秃枝，都是树，也都不是树。我们执着的或少年、或青春、或啼笑皆非的容颜，在时间中易变流逝，从来不曾停留。"

这动人的描述文字，是哲学家、是文学家的笔触。如果我们用陪伴心理学的角度进入，那么，即使知道时间从来不曾停留，即使知道这些那些都是执着，我们依然"深呼吸停留"在每一个相遇的刹那。

所以啊，我们安静地停留在新叶，也停留在落叶；我们停留在少年，停留在青春，也停留在啼笑皆非的容颜。因为，在陪伴心理学的视角下，这个那个，都是值得我们停留、了解、懂得的美丽的树。

于是，我们有了陪伴心法的第五句口诀：

"我愿意学习，放掉对于枝枝节节的执着，安静地停留在美的时刻，看见美，欣赏美；我愿意停留在一棵树的新叶、开花、结果实、落叶、秃枝，我愿意安静地感受少年、青春和苍老。"

像太阳一样温暖，像月光那样专注，像土地一样承接，像风一样自由

　　人受苦的时候，遇到困难的时候，常常会有一种感觉就是畏寒。陪伴的时候，我们期盼给出畏寒的相反，于是我们期盼可以拥有一种美好的状态，带着柔软的力量，有承接又有自由。

　　如果可以，像太阳一样温暖；如果可以，像月光那样专注、柔软；如果可以，像宽广的土地一样承接，不拘泥于人世间的真假、对错、成功、失败，开阔地去聆听、去爱一个人；如果可以，像风那样自由，让眼前的生命因为你的陪伴而活得更自由，因为你的经过而真的更喜欢自己。

　　要拥有风土日月这四个元素，当然是不容易的事，它像是一种生命的底蕴。我们可以先透过想象的方式，把这四个好状态，带到身体里，带到此刻的自己，然后带着这样的好状态，陪伴眼前的主角。闭上眼睛，然后这样想象：

　　"你生命中的谁，像风一样自由，或者他（她）的存在可以让你更自由？"

　　"想象一片曾经承接过你的土地，或者，像土地一样承接过你的人……"

　　"谁的身上或者你自己身上，什么时候曾经有过像太阳一样的温暖，月光一样的专注？那是什么样的一个画面、时刻，有着

什么样的呼吸、眼神和温度……"

于是，我们有了可以默念的第六句口诀：

"我想要许下一个心愿，可以是现在，也可能是不久的将来，我盼望自己可以……像太阳一样温暖，像月光那样专注，像土地一样承接，像风那样自由。"

上面这些可以在心中默念的心法口诀，除了体会理解，还可以有一个很实用的创意用法，叫作"你想要什么样的我来陪你"。怎么做呢？很好玩哦，你一定要找机会试试看、用用看！

你想要什么样的我，来听你的故事

在陪伴主角之前，你可以翻开这一页，然后问主角："这里啊，有6个陪伴的心法口诀，这上面有没有哪一个，你希望我安静地，一边念出来，一边引领我，可以在深呼吸之后，带着这样的质量来听你的故事？"

"我邀请安静的我来到这里，我许愿，可以看见春天的紫花绿叶，也可以看见冬天花儿绿叶凋谢之后的枝茎婉转。

"我想要许下一个心愿，可以是现在，也可能是不久的将来，我盼望自己可以……像太阳一样温暖，像月光那样专注，像土地一样承接，像风那样自由。

"我愿意学习，放掉对于枝枝节节的执着，安静地停留在美的时刻，看见美，欣赏美；我愿意停留在一棵树的新叶、开花、结果实、落叶、秃枝，我愿意安静地感受少年、青春和苍老。

"是的，我没有要改变你，我要闭着一只眼睛，用这只眼睛观察自己的心灵，问问自己是不是准备了那安静聆听的好酒；同时，我要睁开我的一只眼睛，我用这只眼睛等待、守护，那墙里开出的一朵花。

"我想要亲切体贴地对自己，我想要有温度地对待人；我愿意踏出评判的法庭，邀请轻松相处、亲切体贴到来；我真心地想要更立体地，不单薄地，听见你的故事。

"我愿意学习，初学者的眼睛，让每一声问好、每一个关心、每一个握手，都像是第一次一样。我想象自己就是厚厚的花瓣，让听到的故事，那些话语和画面，自然地在厚度里感觉到温暖，在柔软又厚实的花瓣里来回芬芳。"

让能量微笑的『意念破题法』

年轻的咨询师，一晃眼也已经在大学咨询中心专职工作3年了。历经三个冬天、三个夏天，真枪实弹地陪伴学期刚开始时慌张、紧张的孩子，陪伴期中考之后失去希望、沮丧无力的孩子，因为真的陪伴了，提问越来越核心了！

"哈克，三年下来我发现，面对来谈的个案学生，我最怕自己的能量被拉垮。眼前的孩子带着烦恼困扰来，带着失落、受伤来，能量偏低，不知不觉把我的能量往低处拉拉拉。

"有时候一不注意，下班回家的路上，会头痛不舒服，食欲很好的我有时候竟然会累到连晚餐都不想吃……想问问哈克，关于能量被拉垮这件事，有没有解药？"

我想起自己28岁学成回来，第一年和第二年在大学心理咨询中心当兼职咨询师时，也是这样。离开咨询室的自己，常常带走的不是陪伴的喜悦，而是痛的集合（头痛、胃痛、腰酸背痛、眼压高）。这样能量被拉垮是年轻时的日常，常常第二天真的不想再踏进咨询中心的大门，甚至很不专业的，当学生打电话来说今天有事不能来面谈时，还会暗自窃喜像是松了一口气似的。

一晃眼，二十几年过去了，解药，不敢说有；同时，也逐渐体会到，解药似乎藏在两个方位，一个在前行的东北方，一个在滋养的西南方。东北方的方位是"让能量不被拉垮"，西南方的方位是"来，充饱电"。

这本书的最后，来说说这两个方位。这一篇先上桌的是方位在东北方的，让前行维持能量不被拉下的"意念破题法"。来从某一次媒体专访说起。

"间歇性凌云壮志，常态性混吃等死"病

那是 2022 年夏天，很兴奋地期待着，我的第二个在线音频课程"让梦想着地，陪你生涯转弯不孤单"即将上架。我搭火车北上，在明亮的录音室里，主持人专业用心地准备，还事先收集网友们对于生涯的疑难杂症，精选出大家不知道该怎么办的问题来问我。

专访一开场就很难，主持人这样问：

"哈克，我们搜集到最多人烦恼的生涯提问是：得了一种叫'间歇性凌云壮志，常态性混吃等死'的病，意思是新世代好像特别容易很快地喜欢上一件事情，可是却又很快地失去热情，而且这个病，还周期性地每半年要发作一次。得了这种病，该怎么办呢？"

哈哈，非常刺激的提问。对着录音室的麦克风，我这样回答：

"这个病，不好治。但是，治起来很有意思。

"间歇性凌云壮志、常态性混吃等死。这个形容很精彩，嗯，其实我想想，自己二十几岁的时候好像也是类似这样，热情

来了又去，来了又去，然后怪自己，怎么都没有办法坚持。

"其实很好玩哦，我们一起来用质量很好的显微镜看看这句话——'间歇性凌云壮志，常态性混吃等死'。这句话的情绪是真实的，这个情绪叫作挫折，叫作'哎呀我怎么又来一次，又浪费我的时间了'，是一个不知不觉习惯性的自我攻击所带来的挫折感。

"只是，不知道你有没有发现，这个情绪是真实的，但是逻辑是错误的！"

我话音一落，两个好朋友兼主持人，不约而同地都张大了嘴也睁大了眼睛，疑惑又兴奋地追问为什么！为什么情绪是真的，逻辑是错的？哈哈，我特别喜欢看到这样合不拢嘴的表情，我笑笑地说：

"你们两个有点惊呼又伴随很疑惑的表情很好看呢！为什么，为什么逻辑是错的？我最近发明一个新名词，叫作'意念破题法'，我来讲讲哦。

"你看，'间歇性凌云壮志，常态性混吃等死'，时间啊，如果你间歇性有凌云壮志，那你混吃等死的时间，去掉间歇性凌云壮志的时间，一定也是间歇性。

"因为凌云壮志的时候已经是间歇性，已经占去了一部分的时间了，所以，混吃等死就不可能是常态了（因为 $10-3 \neq 10$）。

"所以，情绪，挫折的情绪是真的，可是思考逻辑是错的。错到哪里去了！思考逻辑跑偏了、跑歪了，跑去了'以偏概全、以苦概乐、以负概正'那里，一不小心竟然把负向的东西拿来全部置换，遮掩盖住了其实你有努力的地方。这个思考的跑歪、跑偏，正好就是拉垮能量的元凶。

"我来用另外两个例子说明，你会听到有人这样问：'为什么我每次谈恋爱都这么坎坷？'或是'为什么我种的植物、我种的菜都很丑？'

"这些挫折的情绪都是真的，都是不开心，同时，逻辑是错的。当我们知道了逻辑有谬误，就可以在陪伴心理学之中，学习在思绪里改换成下面这样的新的内在对话：

'哎呀，我谈恋爱的时候啊，有时候很痛苦，有时候有快乐。'

'我发现啊，我种的植物有的挺漂亮，有的不是很好看。对，今年冬天种的菜有的真的很老，有的其实很嫩哦。'

"这里很好玩哦，因为情绪是真实的，我们不能忽略它，我们深呼吸接住这个真实的情绪。同时，我们怎么跟自己说话，怎么去说一个深爱自己的故事，这时我们使用的内在对话是很重要的。你会发现，语言只要一改，这个世界的颜色就已经不一样了。"

两位主持人其实都是见过世面的，访问过众多高手的她们，此时两双眼睛都明亮晶莹地等着我把"怎么办"讲出来。我继续说：

"自我对话、自我提问，只要内容一改，心里的状态就会改变。当我们把'常态性'混吃等死，改成'间歇性'混吃等死。然后，来，跟着我念一次这个新的自我对话：'我有时候凌云壮志，我有时候混吃等死'。"

看到蓝色的天空，再看到乌云密布

"你真的念一下感觉一下，会发现念一次新的语句，心情就已经有一点不一样喽。因为我已经看到我的蓝色天空，再回看到我乌云密布，没有自动化地让乌云密布整个盖掉蓝色的天空。

"接下来，你应该也已经发现了，'混吃等死'这四个字真的不好听又没有帮助，所以，其实可以直接改成'享受快乐'。当你用'混吃等死'四个字的时候，是用尽全力打击自己，习惯性地、使劲地打击自己，实在不是好事，所以可以考虑改掉、换掉。

"改了之后，来，念一次更新升级的：'我有时候凌云壮志，我有时候享受快乐。'哈哈，是不是跟一开始差很多了？"

两位已经成名而且很受欢迎的主持人，这个时候可爱得像小学生似的跟着我喃喃自语地复读新句子！好开心呢，因为我知道，好多朋友们听到节目的时候，也会这样很可爱地一起学习修改句子。

"哈克，这里是不是有步骤？"主持人很体贴，帮没有在录音室的听众问。

"有！意念破题法有三个往上的阶梯。我们来一起看。第一步，把'常态性'混吃等死，先改成'间歇性'混吃等死。第二步，'混吃等死'真的不好听，改成'享受快乐'。

"所以，新的内在对话在简单的两个步骤之后，可能只花1分钟的时间就走到这里，已经变成崭新的句子了：'我有时候凌云壮志，我有时候享受快乐。'

"接下来，还有力量强大的第三步！下一个可以意念破题的地方，对，就是那个'凌云壮志'。当你用'凌云壮志'这四个又大又高的字，哎呀，你可能成功地创造了一个几乎注定对自己失望的目标。

"假设我自己25岁那年，立定的壮志是要成为一个世界级的大师。那我到三十几岁之前，一定苦不堪言。因为太容易会觉得自己每天都没有达成目标了。你知道的，喝太多水，会一直尿尿；而志向太大，会压死自己。我还记得，我25岁的时候立定的志向是偏可爱型的，我想要成为'挺可爱的解梦出租车司机'。对，你要去哪里？哦，我送你去！啊，你说刚好有一个梦？哦，好啊，我们来去的路上顺便解梦一下，探索梦本来就很好玩，没解开也没关系的。

"这里，就是关键的第三步：从'凌云壮志'的高空大梦，落地着地，来到接下来要说的'51%的本手下棋法'。之所以要从高空大梦下来，是因为目标太远，太难真的达成，于是久了久了甚至会开始预期失败的到来，甚至会期待失败，因为一旦失败来了，就可以干脆算了、放弃了，就可以不用再努力了，这样的能量趋势和走向，真的可惜了。"

51% 的本手下棋法

"前几天在红土网球场边，正好遇见一位球友是围棋老师，闲聊之间学到了一个很精彩的说法，围棋有两种下法：一个叫妙手，一个叫本手。妙手啊，很奇妙厉害的一个棋子下下去，哇！扭转全局！如果生涯开垦时，心思都放在期盼妙手一招扭转全局、花火灿烂，那么，因为高空梦想太难达成，于是挫折和沮丧常相伴。

"这时候怎么办？本手下棋法，正好提供了开垦生涯极佳的选择。本手，本分的本，它是一个很着地的做法，稳扎稳打，在原本的土地上安静地、稳定地，往外开垦一小步。关于本手和妙手，我的作家朋友古典老师有精彩的描述。

"下围棋的人都知道韩国棋手李昌镐，他 16 岁就夺得世界冠军，巅峰时期横扫中日韩三国棋手，是围棋界一等一高手。李昌镐下棋的最大特点，就是很少有妙手。

"厉害如李昌镐，为什么没有妙手？一名记者曾问他这个问题，他憋了很久说：'我从不追求妙手。每手棋，我只求 51% 的

效率。'

"很精彩！我把上面这个概念和做法重组之后给了一个命名，就叫作'51%的本手下棋法'，说的是，这一子我下下去，在整个棋局的胜负里面，我只要有过一半的胜率就很好，我没有要一瞬间扭转全局，我只要稍微改变一点点，有一个从50%'增加1%'的移动，变成51%。

"是这个'51%的本手下棋法'，能够有机会慢慢地、1%又1%地接近心底的盼望。因为扎实下了一子，没有多想未来会变成多厉害多美好，于是，从'我会不会不只是这样'1%地开垦又开垦，逐渐靠近'我真的可以是那样'。

"因为想的是1%的进步，目标放在小小的产出、小小的收成，就不会一直相信自己什么都做不到。"

"哈克，这个'51%的本手下棋法'很精彩呢！能不能举个例子，让听众们更能体会实际上可以怎么开始这个本手下棋法?"主持人有很安静的心，真的体会到了，同时想靠近更核心的内里。

"当然好啊，举个例子来说，我大女儿黄阿赧15岁，刚考完中考快要读高一了。这个暑假我超级开心的一件事情是，黄阿赧去我的好朋友的海边餐厅打工，一家精致的小餐厅叫幸福食堂。

"女儿要去打工之前，其实当爸爸的我是有点紧张的，因为厨房很热，客人又各式各样，到了暑假，海岸的人潮是很疯狂的，在餐厅帮忙要洗碗、拖地、添饭、送菜、说菜、端盘子。"

15岁的女儿，真的去餐厅打工了，晚上10点下班回来，叽里呱啦又叽里呱啦地跟我说：

"把拔，开餐厅很不容易。小琪姐姐、小恬姐姐开的店，他们平常只有两个人，要做那么多事，好夸张哦！我只有去帮忙几天都那么累了，他们每天都要这样做，真不容易……还有啊，把拔你知不知道，那个添饭给客人要添得这样稍微尖尖的，分量要刚好还要看起来好看，没有那么简单！"

我听到大女儿这样深呼吸，然后吐气地说："把拔，开餐厅真的很累。"这一句话一落，我就真的知道，这个孩子开始了迈出她的第一步"51%本手下棋法"。

因为大女儿从小学开始就很爱打蛋、揉面团、做烘焙，她很喜欢做焦糖布丁、生乳卷，我超爱吃女儿做的甜点。她的梦想是开一家甜点店，然后，当她不是只幻想有一天成为一个厨师，而是实际在15岁这一年、即将升高中的暑假去了一家餐厅打工，这种真实的体验，正好就是51%的本手下棋法。

脚踏实地，不是口号，是真的用行动和体会开垦，为自己创造出多1%的可能去靠近梦想，就像创作歌手李宗盛说的，一步一步每一步都算数。

这次专访播出之后，得到很多朋友的美好回响。我猜想，是因为这个意念破题法，挺实用又好操作，很有机会，可以成为一帖药方，让陪伴者保持流畅的好能量，在继续给爱的路上。

年轻的咨询师，听了专访的完整内容之后，这样说：

"我第一次看到'间歇性凌云壮志，常态性混吃等死'时，觉得这状态形容得太真实，是个很深的困境。但是，哈克一个'混吃等死是间歇性的概念'一进来，啪！整个世界就翻转了，这是很震撼的事情！"

"哈哈，那个'啪！'的一声翻转，真是有趣啊！咨询心理学，真的是一门相信的学问。我们学会去选择相信它的力量，而不要相信它用来攻击削弱自己的语言逻辑。"因为选择了这样的相信，能量没有被拉垮，于是后来有时间和空间等到下一个美丽的时刻来到。同时，这个翻转很重要的转折是落地在小小行动的实践上，也就是51%的本手下棋法。之所以回来强调本手下棋法，是因为，如果我们陪伴的对象，学会了有梦想的同时，心中有了"需要有小行动的本手下棋法"的概念，我们才有机会不一起被凌云壮志压垮，因而带着好能量陪伴前行。

曾读到洪兰教授写的一篇来自澳大利亚的研究。这个很有意思的研究想要锻炼选手们双臂上的二头肌小山丘，请选手们手拿重物自然下垂，在上臂不动的情况下，将重物上举靠近自己的肩膀，再缓慢放下。

为了测试锻炼的成效，研究把选手们分成三组，第一组每天做 6 下，连续做 5 天；第二组一个礼拜做 1 天，一天 30 下；第三组一个礼拜做 1 天，一天 6 下，连续做了 4 周。结果发现：

第三组一个礼拜做 1 天（一天做 6 下），没有任何肌力增强或肌肉变厚的效果；

第二组一个礼拜做 1 天（一天做 30 下），肌力没有增强，肌肉量增厚了 5.8%；

第一组一个星期连续做 5 天（一天做 6 下）的选手，肌力强度增加 10%，而且肌肉量增厚程度跟第二组差不多。

读到这个研究的早晨，正在帮这篇文章收尾，很惊喜地发现，原来对训练肌肉力量来说，每天做一点，比一次做很多更有效。真的没有想到，原来肌肉的训练跟人的生涯、梦想、实践一样，似乎比较在乎持续的频率，而不在乎量。

陪伴眼前的生命，可以真的把上面这个研究说给他听，或者，翻开书的这一页，给他看看这三组选手的研究差异，于是，真的把这个概念写进他的心田地图里，真的懂了……

"哦，51% 的本手下棋法，原来就像这个研究一样，就是一天做一点，同时，真的一个星期连续做 5 天，然后，记得哦，要休息两天，因为一个星期有 7 天；休息了，喘息了，再提气来到下个星期，我们又来持续的，做 5 天。"

25

内在涌泉

在自己的土地上，孕育照料自己的原生种植物，是我在生涯主题里最喜欢说的概念。原生种植物的孕育选择，需要回答吉利根博士讲英雄之旅的方向提问："生命这个时候，我想要创造什么？"

　　如果有了一个方向在眼前，比如说，带着爱给出有品质的陪伴，好像有了一个箭头从现在指向未来，那么接下来要做的事，就是要找寻内在涌泉，邀请各种资源汇集而来，于是能够跨步向前。内在涌泉的找寻与创造，正好就是上一篇提到的两个方位的解药，位于西南方的"来，充饱电"。

　　内在涌泉是一个开凿过程，开凿出一个主河道，真的拿着锄头，把它的形状雕刻出来。你如果去看乡村里的灌溉渠道，你会发现它是有宽度和深度的，所以真的要经年累月地挖，直到那个河道很稳定地存在，于是水才会稳定而持续地来，灌溉、滋养土地。说不定你还记得前面说到的助人者承接的容器，内在涌泉的滋养，正好也是保养和照顾这个容器最必要的核心。

　　照料生命的涌泉，可以很外在，像是去发廊洗头、去泡温泉、去超市买狗狗猫猫的零食、小玩具；这里，我们来说说从内在、从心里来的涌泉。

　　搜集故事，是内在涌泉的关键入口。我的好朋友黄锦敦老师说得很精彩：

　　"天堂，不是一个地方，是活过的时刻。"

"记得，搜集故事，不只招来春天，还可以过冬的。"

内在涌泉，有点像是资源故事，包括自己创造的、活出来的，也包括生命中遇见的、碰到的。内在涌泉的故事藏在你的心里，重点是你不只要存档、存好它，还要时常去提取它。下面，来说几个内在涌泉的故事。

力量会一天一天来：小云的故事

在长期督导团体熟识的社工小云，一大清早开心地和我分享：

"哈克早安，昨天我挑战第一次带着我的矿石手链去摆市集！来的第一个客人是个幼儿园小男生，超可爱的！后来，摊位上又来了两个女生，其中一个女生虽然戴着口罩，但我能感觉到她的难过，聊了聊才发现，她早上写给妹妹的生日卡片，在她准备出门时看见在垃圾桶里，她一路哭着来参加市集，说是一进来就看到一条特别吸引她的手链。

"我后来跟她说，我的老师哈克告诉我：'会哭的人啊，笑起来最美了。'

"虽然没能看到她的笑容全貌，但她弯弯的眼睛在那一刻真的很美，她最后买走了说是能给她安定力量的矿石手链。我跟她说，我的老师还告诉我：'力量会一天一天来。这句话陪我好久，

希望这句话也能给你一些力量，相信自己，会哭的人啊，是很有力量的，因为他们能真实地展露自己的情绪。'

"她，开心地离开了，我也好开心呢！"

上面这段短短的小故事，我超级珍藏。因为对我来说，小云的故事里触动的眼泪、风雨后的笑容，那感动的刹那是我赖以为生的养分。感动并不像钱、像收入般可以量化，可是我发现，当我"跟感动在一起"时，我的内在涌泉会涓涓流入。

内在涌泉的故事也包含祖先、家人带给你的美好。我的爸爸是客家人，我的爷爷家在苗栗县通宵镇乌眉里，乌眉，乌溜溜的眉毛，多美的名字啊。爷爷慈爱的故事里，我最喜欢的是下面这个。

在面摊吃面时不点小菜的爷爷

那个年代，爷爷的工作是把山里、溪里的物产用扁担挑到城市里卖，再把城市里的产品挑回来，在山间的村子里卖，中间要翻过好几座山。

爷爷每一次翻山越岭背着货物到山的另外一边的城市，卖完东西拿到钱，都会去吃一碗面。跟爷爷一起这样挑东西做生意的朋友不少，爷爷的朋友在面摊吃面都一定会点小菜、一壶小酒，但是爷爷不会。

爷爷总是只吃一碗面，他都不会叫小菜。爷爷把点小菜的钱省下来，拿去买猪肉，然后提着猪肉再走几个小时的山路回来，给一大家子的孩子吃，我的父亲是八个兄弟姐妹里的二哥。二哥一直到老都记得，爷爷回来的那个晚餐，总是有肉吃。

我一直很喜欢爷爷吃面不点小菜这个故事。这个故事种在我心里面很深的地方，像是有地热的温泉，是我"学习爱的付出的原型"。事隔多年，把这个故事写进书里的我，依然热泪盈眶，这个故事用一种很特别的方式，支撑我要前去的方向。

内在涌泉，也可以是师长，也可以是好朋友。下面这个故事，是我的传艺恩师王辅天的故事。

我一辈子都不会忘记的一杯水

恩师王辅天九十几岁了，很慈祥的老人家，他是我学习心理治疗的恩师。

记忆回到我 29 岁，从美国拿到咨询硕士回来的那一年，那段日子恩师帮我做个别辅导将近一年，每星期我都会去。

那是一个夏天不需要冷气就很凉快的地方，有好大的凤凰木。每一次到了二楼的咨询室时，我都会有一点紧张。后来才慢慢理解，会紧张，是因为在恩师面前，不知道为什么都会想讲最心底、真实的话，可是最真实的话讲出来是连自己都吓一跳的

（因为忽然翻进了内墙），所以每一次去，坐在那个木头椅子上时都会紧张，不知道等一下会发生什么。

记忆中的恩师有一种上了年纪的缓慢和安静。每一回我敲门，开口说："师傅早安"，看到我进来，他就会出现很可爱温暖的微笑，然后啊，都会做一件每次都一模一样的举动——

他会站起来，走出咨询室的门，走过方形的走廊，那个二楼的建筑物中间围绕着高高的树，他从二楼的这个角落的房间站起来，走走走到另一个角落，那里有一台饮水机。恩师手里拿着一个小小的玻璃杯，装一杯水，然后再走回来，递给我这杯水。

这是他每一次的仪式。我觉得他去倒水给我喝的时候，都在盼望等一下的时光，他正在准备着要真心地迎接我要说的话，他想要我慢慢说，不用紧张，但他从来不会告诉我那句话："慢慢说，不要紧张。"

他不用语言来告诉我，他用他的身体走走走，去装一杯水给我喝，以此来告诉我。接下来，他会把水递给我，交到我的手上，然后温柔又有空间地说出很有力量的两个字："然后……"

然后……我就开始说我那星期的生活，郁闷的、不开心的、想突破的、想进步的、开心的、好笑的，什么真实的都说了。恩师的那杯水，那盼望和迎接我的故事的样子，我，记在心底，我一辈子都不会忘记。

创造快乐能量：五六七八的故事

　　长长的海岸，有好几个美丽的海湾。其中一个特别美，海水在阳光闪耀下，会有牛奶绿、牛奶蓝，有湛蓝，也有靛蓝，不管开过几次车，每次经过那里还是会赞叹，这个特别美的地方叫情人石海湾。

　　情人石坐落在海中间，石头的形状经过海浪拍打千年后，竟然像是一个男生正在轻轻地亲吻女生，那时天光正美，海水正蓝，情愫正在心里打拍子……

　　每一次只要开车经过这里，两个坐在后座的女儿就会："五、六、七、八！"然后全车的人就会跟着拍子很有默契地、很有节奏地发出像是亲吻的声响："啧啧、啧啧、啧啧、啧啧——"（很像是打四拍发出八个声响）哈哈，然后接着是全车的欢乐笑声。

　　每次都这样，但是有几次我因为很专心开车就忘记了要一起，这时候，车子后座就会传来提醒的声音说："把拔——"然后就接着来了"五、六、七、八！"我会恍然大悟，吸一口气快快跟上节奏，一起笑着："啧啧、啧啧、啧啧、啧啧——"

　　说不定你已经猜到了，第一次，是哈克发明的。是啊，第一次经过这里，我看到这么美的海，坐落了亘古的美丽的石头，我的童心，就创造了这个很可爱的故事桥段，"五、六、七、八！"然后一起笑着"啧啧、啧啧、啧啧、啧啧"。于是，有了可以每次重制的快乐能量。

　　亲爱的朋友，你一定也有像上面这样的类似内在涌泉故事。在故事里，我们有机会在某一天忽然发现，自己比想象的还要更强大；原来自己竟然能够如此温柔；原来脚的力量比自己想象的还要着地。于是，我们逐渐地在故事里，相信了自己。

| **26** |

转角的那个用铁桶烤地瓜的老爷爷

立秋的傍晚升起了漂流木的火，一边把早上作农时挖出来的形状歪七扭八的小地瓜，在铁制的篝火台上柔柔地烘烤。空气里，香味朴实又饱满地钻进记忆里，想起了童年时的一个香气，那是在老家时，走路或骑自行车要右转往妈祖庙的路上……

在那个转角的红绿灯下面，每到了秋凉的时候，一直到春天来临之前，就在那个人来人往、车辆川流不息的大马路转角处，有一个很安静很安静的阿伯，用一个直立的大铁桶烘烤热腾腾、香喷喷的地瓜。

记忆中，常常是在12月冷冷的冬天，我会期待着走路靠近这个大铁桶，因为木炭的香味伴随着地瓜的甜味，可能也因为咕噜咕噜叫的肚子。就这样，一年又一年的冬天，阿伯变成了老爷爷，但是那个转角烘烤新鲜地瓜的香味，却一直都没有改变……

"啊，我知道了!"从记忆的画面里翻身醒来，这个早晨，我忽然感觉到自己，不是一个多么厉害的心理治疗师，不是一个多么吸引人的工作坊讲师。我好像知道了，大小刚刚好地知道了……关于陪伴这件事，我就是那个在转角处、安静地用朴实无华的铁桶烘烤新鲜地瓜的阿伯。（笔行至此，泪整串滑下）

我不是那种大量生产特产炸地瓜片的名店。

也不是那个百货公司或大卖场都会有的面积很大的、引领潮流便宜又好穿的优衣库。

我好像就喜欢这样的安静，在这样的转角，用朴实的铁桶，用很土地的根茎类食材，慢慢慢慢烘烤，散发一丝暖意。这个知道，在找寻内在涌泉的路途里，是个挺关键的指示牌。

有一回，在工作坊的星期日早晨，我这样开场：

"助人工作者陪伴眼前的人，其中一个美丽的任务是：陪着眼前的孩子找到'深爱自己的理由'。难就难在，助人工作者自己要先找到。因为自己先找到了，才能真材实料地陪着眼前的孩子，一步一脚印地找到。

"一个孩子如果找到了'深爱自己的理由'，就不容易执着于坚持要看着自己生命的不足，然后困在孤单、失落、不喜欢、不高兴。我有时候会觉得，人的缺点可以像天上的星星一样多，但是深爱自己的理由可以像太阳一样，虽然只有一个，却是生命绽放与不放弃的源头。

"只是啊，要找到'深爱自己的理由'，因为太核心，一下子不容易抓到。那怎么办？可以从找回'想念的自己'着手入门。当想念的自己找回来一个，找回来两个，三个四个都找回来了，哎呀，忽然一瞬间，'深爱自己的理由'就找到了。"

从"想念的自己"拾回"深爱自己"的理由

工作坊的现场，有时候通过闭上眼睛的引导式想象，有时候通过使用的媒体素材，像是红花卡（表达性艺术治疗工具），成员们在三人小组里，一边靠近自己，也一边找回一个、两个"想念的自己"，像是……"有一点傻劲儿。""其实真的很善良的我。""安静与凝视的眼睛。"

有些朋友找到的是……"我知道我带着爱而来。""我能打开心的入口，也真心爱人。""就算很挫折、很失望、很伤心，不知从哪儿来的乐观还是依然有明亮的信心。"

于是啊，当这些喜欢的自己、想念的自己一个个找回来，心中的"深爱自己的理由"也在深呼吸里缓慢却坚定地握在手心了，像是："我就是一个善良可爱的人。""我的温柔可以爱一个人到很深的地方，同时带来滋养，真喜欢可以在陪伴人的过程中活在感动里。"

这个时候，只要加一个小小的、可爱的隐喻触发步骤，你就可以走到刚刚一开始哈克发现自己的那里——发现原来自己喜欢当一个"转角处用铁桶烘烤地瓜的阿伯"的那里。

来，很简单。

助人工作者的自我认同隐喻

闭上眼睛，亲爱的自己，接下来6分钟或8分钟，有个好机会来更靠近自己，也照顾自己。一起来想想，来感觉，这样的"想念的自己""这样的深爱自己的理由"……（例如，真喜欢活在感动里），如果用一个隐喻或一个比喻来形容，会像什么呢？

可以是大自然的现象，风啊、云啊、雨啊，也可以是动物，大动物、小动物，天上飞的、地上走的都可以，也可以是植物，大树、小花，都可以，也可以是任何想到的物品……这样的"深爱的自己"，会像什么呢？

用自己需要的所有的时间、所有的空间，你可以用右手，或左手，摸着心口，也可以摸摸耳垂下方的自己的脖子，轻轻往下滑，然后自然地滑过心口，碰触到肚脐，很好，顺时针摸摸自己可爱的肚子，很好……"这样的自己，如果用一个隐喻来说，会像什么呢……"

对，很好，接近着自己，感受着自己，如果心里有看到像什么，用手比比看，那是什么形状呢？大小呢？多大，多小，哦，这样的形状大小啊！触感呢？摸起来怎么样，旁边有声音吗？真好，用自己的速度靠近着、碰触着，终于啊，又更懂了自己一点点，找到了。

在这样的小活动里，说不定，一次、两次或三次，练习又练习，可能在清晨的刚醒的床上，可能是周末的星巴克里戴着无线耳机的时光，有一个时刻，你自然又有感觉地，拥有了属于自己很有力量的助人工作——"自我认同隐喻画面"。

我有时候会想，这么些年下来，喜欢这个"用铁桶烘烤地瓜的转角"隐喻的朋友们，可能因为感受过被温暖填饱肚子的感觉，后来就到了不同的村落、不同的城镇、不同的都市里，也开了小小的店面……可能专门卖亲手织的围巾和合身的羽绒外套，可能是一个可爱极了的姜汁豆花店。也可能发现，除了店名，还加上贴着心跳的形容，像是……

"一个美发师有好手艺，婚后为了兼顾家庭将家里院子改造为美发店。喜欢只做预约，一次只服务一个客人。那像是陪伴客人，也像是帮忙看看有无其他可能性的时刻，是美发师很喜欢的时光。

"心里浮现了好几个，可能是，专门卖笑声的弹珠店，可能是，专门卖快乐的杂货糖果店，可能是专门卖思念的明信片店。

"摆路边摊卖面的妇人，傍晚开始在路边摆摊卖面，点着暖暖灯光灯笼的摊位，几张桌椅，平实的价位，让刚刚下班或刚加班回来，满是疲惫的人们可以饱餐一顿。偶尔几句温暖的问候、笑容与看见，给出最简单、真诚、朴实的爱。

"那是一家背包客栈，专门收集各方故事，再把精彩传递出去的背包客栈！

"我想象自己开了一间有各式灯具的小店，灯都不大，有落地灯、有桌灯。总觉得好像看见我坐在店里，朝着进来的人微笑说：'你好啊，选一盏回家吧，暖暖地陪你。'"

说不定啊，他们或她们在秋去春来之间，带给了某个角落一份和烤地瓜很像但其实也很不一样的温暖。亲爱的朋友，身为一个陪伴者或助人工作者，你觉得自己像什么呢？

找到自己喜欢的陪伴模样，好像就不会过度地扭曲自己、过分地压榨自己、过头地砥砺磨损自己，于是，大小刚好，容量挺好，那一份陪伴的能量似乎就有了顺畅的可能，于是，内在涌泉的渠道就真的挖凿顺畅了起来。

于是，说不定可以更长又更久，像稳定的涟漪一样，把暖意传出去，又传出去，然后有一天，你也找到了自己的转角处，散发着香味和暖意，当一个新的源头，一个美丽的"找到深爱自己的理由"的下一个源头。

附录

《小铁匠的故事》对答案

　　我深呼吸一口气，心里想着，哎呀！因为省略了表层礼貌和没有必要的询问，小铁匠这"充满活力地用行动直接响应"（这也是带着祝福的命名），就像是按了一个直通键似的，没有阻碍地直达生活中最直接的需要，这样没有阻碍，感觉好畅快。

　　眼前的年轻铁匠是个大约二十出头的大男生，厚实的身体配上很单纯的眼神，年纪虽然很轻，动作却十分熟练，一根长长的木棍在短短不到两分钟的时间，刀起刀落，铁锤猛力扎实，撞击又撞击……撞击又撞击……撞击又撞击，木棍逐渐量身定做似的镶嵌进去，成为稳固联结锄头的一部分，那挥舞的壮硕手臂，搭配上极其专注的眼神，我看得入神，心里惊呼："这是一门技艺啊！"（这是带着祝福的命名）

　　小铁匠那猛力的挥动，需要多少时间的熟练，再加上多少对自己、对时空的一份信赖（这是带着祝福的命名）。那单纯专注的眼神，多么的朴质而素雅简单（这是带着祝福的命名）。是啊，真的像是一部文学作品啊，这个文学作品在辽阔的海岸里，存在于"当啷——当啷——当啷——"的节奏里。

真喜欢话语精简的年轻铁匠师傅说的话语："这样才找得到。"那是和土地好好联结之后，才有的朴实和精简（这也是带着祝福的命名）。